纳税服务热线典型案例分析

国家税务总局纳税服务司　编

中国税务出版社

图书在版编目（CIP）数据

纳税服务热线典型案例分析 / 国家税务总局纳税服务司编. -- 北京：中国税务出版社，2017.2
ISBN 978-7-5678-0518-7

Ⅰ. ①纳… Ⅱ. ①国… Ⅲ. ①纳税 - 税收管理 - 商业服务 - 案例 - 中国 Ⅳ. ① F812.423

中国版本图书馆 CIP 数据核字（2017）第 017642 号

书　　名：纳税服务热线典型案例分析
作　　者：国家税务总局纳税服务司　编
责任编辑：庞　博
责任校对：于　玲
技术设计：刘冬珂
出版发行：中国税务出版社
　　　　　北京市丰台区广安路 9 号国投财富广场 1 号楼 11 层
　　　　　邮编：100055
　　　　　http：//www.taxation.cn
　　　　　E-mail：swcb@taxation.cn
　　　　　发行中心电话：(010)83362083/86/89
　　　　　传真：(010)83362046/47/48/49
经　　销：各地新华书店
印　　刷：北京天宇星印刷厂
规　　格：787 毫米 ×1092 毫米　1/16
印　　张：9.25
字　　数：151000 字
版　　次：2017 年 2 月第 1 版　2017 年 2 月第 1 次印刷
书　　号：ISBN 978-7-5678-0518-7
定　　价：24.00 元

序　言

当前，国务院“简政放权、放管结合、优化服务”改革深入推进，优化营商环境刻不容缓。建设服务型税务机关，进一步优化纳税服务，提升服务水平，有利于助力“放管服”，营造良好营商环境。

近年来，围绕最大限度便利纳税人，各级税务机关优化手段、创新服务，不断提高纳税服务水平。12366纳税服务热线作为税务机关的窗口，是纳税人诉求表达最直接的渠道、是征纳互动最频繁的方式，也是矛盾暴露最集中的前沿，其服务方式、服务水平和服务质效与纳税人的权益密切相关，并直接影响到税务机关形象、涉税风险控制和纳税人税法遵从度的提升。自2001年正式成为全国税务系统统一特服电话以来，经过十余年的发展，12366纳税服务热线已建成以国家级12366纳税服务中心为龙头，各省纳税服务中心有效支撑的服务格局，并持续打造集纳税咨询、税法宣传、办税服务、投诉受理、需求管理、纳税人满意度调查六项功能于一体的综合性、品牌化纳税服务平台，在帮助纳税人正确理解和遵从税法、表达涉税诉求等方面发挥了积极作用，得到了社会各届的普遍认可和专业机构的较高评价。在各项重大税制改革进程中，12366纳税服务热线也起到了重要的助推和保障作用。据国家发改委2016年互联网大数据分析中心监测显示，80.17%的网民对税务系统在全面推开营业税改征增值税试点期间的表现给予了积极评价，“特别是高度认可办税服务厅、12366热线等服务周到，咨询答复及时有效，多元化办税方式提高了申报效率”。

12366纳税服务热线在日常工作中，积累了大量鲜活的案例。对这些案例进行分析研究，有利于提升业务能力、提高职业素养、优化工作流程，并促进税务机关服务水平与纳税人满意度有效提升。在国家税务总局纳税服务司和有关地区国税局、地税局，以及湖南税务高等专科学校的共同努力下，本书精选了30个全国12366纳税服务热线接听中真实发生的典型案例，在深入分析、广泛调研、反复修改的基础上集稿成册。本书紧贴12366纳税服务热线工作实际，从案例的实践指导意义和工作技巧入手，对常见的咨询、查询、投诉和意见建议等热线业务类型，总结经验和教训，指出咨询员在应答来电时的亮点和不足，深刻剖析问题产生的原因，并提出针对性的解决措施和应对思路。本书不仅对全国12366纳税服务热线工作有重要的指导作用，对税务机关优化征管流程、改进管理措施也有一定的借鉴意义。

王军局长指出，12366纳税服务热线要“成为涉税咨询的重要平台、宣传政策的重要阵地、办税服务的重要载体、锻炼干部的重要基地、展示形象的重要窗口，架起和谐税收征纳的‘空中桥梁’，再造一道服务纳税人的靓丽风景线”。各级12366纳税服务热线工作人员要充分重视《纳税服务热线典型案例分析》的作用和价值，在仔细研读、深入学习的基础上实现举一反三、触类旁通，并应用到实际工作中，促进纳税服务水平全面提升。

编　者

2016年11月

目　　录

导言

1 纳税服务热线典型案例分析的意义
2 纳税服务热线典型案例选取的原则
2 纳税服务热线案例分析编写的方法
3 纳税服务热线典型案例分析的使用

税收政策篇

7 个体工商户设立后如何纳税
10 小规模纳税人达到标准就必须申请认定一般纳税人吗
14 购买增值税防伪税控设备的税额可以抵扣吗
17 “营改增”对企业有什么影响
21 生产型的日资企业能办出口退税吗
26 金银首饰是否可以税前扣除
30 异地缴纳社保费能否税前扣除
32 这套房子到底是算继承，还是赠与

办税流程篇

39 同一地址可以办理两个税务登记证吗
45 个人房屋出租代开发票需要提供哪些资料
49 为什么今天网上办税厅不能登录

发票事项篇

55 | 可以在发票上加盖新旧两个发票专用章吗
57 | 我的发票为什么通不过扫描
61 | 我要查询国税发票信息

权益维护篇

纳税服务投诉类

67 | 为什么不能好好说话
70 | 为什么一个工作人员生病就让我来回跑
74 | 为什么没到下班时间就不办业务了
77 | 这是企业的错，还是税务局的错
81 | 报不了税我到底该找谁
85 | 我维权怎么就这么难呢
91 | 为什么往返税务局多次仍交不了税
97 | 我要投诉 XX 科技公司

发票涉税举报类

103 | 如此开具发票符合国家规定吗
106 | 卖服装开修理修配发票，我该怎么办
110 | 仅凭一张收据如何进行维权
119 | 一个来自电台记者的发票举报

意见建议类

124 | 营业税按次起征点的规定有漏洞
126 | 税务局应该带头实现无纸化办公
130 | 建议办税服务厅增加代开发票窗口
136 | 纳税人对社保费滞纳金过高表示不满

142 | 后记

导言

纳税服务热线典型案例分析的意义

自2001年9月“12366”成为税务系统的特服号码以来，经过10多年的发展，全国12366纳税服务热线形成了“全国统一，两级集中”模式，为纳税人提供政策咨询、信息查询、投诉举报、申报纳税和宣传辅导等服务，并致力于打造“能听、能问、能看、能查、能约、能办”的“六能”型纳税服务平台。

为了推进12366纳税服务热线的制度性建设，2014年以来国家税务总局相继制发了《12366纳税服务热线绩效测评方案（试行）》和《12366热线基本工作流程和作业标准（试行）》，对12366纳税服务热线的业绩评价和工作规范予以明确，为热线服务标准提供了政策依据；与此同时，国家税务总局教材编写组编写了《纳税服务热线用语》一书，为咨询员的服务用语提供了模板，进一步树立了12366纳税服务热线专业、规范的形象，从而提升了纳税人的服务体验。

15年来，12366纳税服务热线作为服务纳税人的一线窗口，在日常工作中积累了大量纷繁复杂的案例，如何从这些鲜活案例中摸索提炼出一定的规律性特征，并结合相关制度所确定的原则，为咨询员提供迅速把握需求、积极有效引导、准确规范解答、提高沟通效率等方面的经验参考，成为当前亟须解决的问题。因此，《纳税服务热线典型案例分析》一书应运而生。本书选取了12366纳税服务热线工作中的部分典型案例，从来电诉求的角度加以分类，逐一对案例中咨询员的服务质效进行分析评价，并提出针对性意见与建议，为全国12366纳税服务热线咨询员的服务标准提供实例参考和操作范本，并为税务机关内部工作方式和流程的改进提供启示。

纳税服务热线典型案例选取的原则

自2012年起，国家税务总局在全国12366纳税服务热线范围征集典型的话务案例。从收集到的千余案例中，按照政策咨询、办税流程、发票事项和权益维护等不同业务类型，以热线工作规范为标尺，注重展示正反两方面案例的示范与教训，并依据下列原则选取了30篇案例：

一是问题的典型性。从纳税人需求角度来看，所选案例均为一段时间内纳税人关注度高、咨询量大的焦点；从咨询服务角度来看，所选案例均属于代表性强、特点明显的通话。

二是业务全面。所选案例基本涵盖12366纳税服务热线的全部业务类型，具体分为税收政策类、办税流程类、发票事项类和权益维护类，其中权益维护类案例包括纳税服务投诉、发票涉税举报和意见建议三个部分。

三是实用可行。为切实发挥本书对12366纳税服务热线咨询员的实践指导作用，在案例的选取上重点关注了案例的借鉴意义和导向作用，并适当考虑了所涉及政策依据的时效性。

纳税服务热线案例分析编写的方法

《纳税服务热线典型案例分析》分为导言、税收政策篇、办税流程篇、发票事项篇和权益维护篇。除导言外，其余各篇均由背景资料、基本案情、分析与建议三部分组成。

背景资料提炼了所涉案例的关键信息，如案例发生的时点、来电人特征、来电人需求、来电的业务类型以及案例关注点，等等。总之，背景资料提示了学习案例应关注的要点信息，有利于读者对同类型问题举一反三，提高学习效率。

基本案情是案例通话录音的文字记录，基本还原了对话的全过程。使读者直观真切地感受热线工作的真实情境，从而更好地理解后续的分析和建议内容，增强学习效果。

分析与建议部分首先对咨询员的服务水平进行了总体评价，从需求探索能力、掌握政策能力、电话驾驭能力、服务用语和操作流程规范性等角度全面分析了咨询员的业务水平和职业素养。其次，结合案例深入分析热线咨询人员接听来电过程中的亮点和存在的问题，为类似问题处理提供借鉴参考。最后，从如何通过耐心倾听、有效引导快速领会来电人意图，如何准确、规范、礼貌、高效地与来电人沟通，如何提高服务意识、强化业务能力等方面，对咨询员提出具体意见建议。

纳税服务热线典型案例分析的使用

《纳税服务热线典型案例分析》主要面向12366纳税服务热线工作人员，在选材和编写上着重体现对纳税服务热线咨询员的工作指导。由于在实际工作中，大多数较为复杂的典型案例暴露的矛盾焦点，往往与现行的税收政策或征管规定有关，因而本书也可为相关税务部门提供征管流程、管理措施的制定和改进决策参考。

由于具体税收政策的适用性会随着时间推移产生变化，因而本书没有过多地对税收政策展开论述，侧重于对咨询员的业务能力和沟通技巧进行点评。读者在学习阅读中，可结合这一特点，重点把握同类业务的规律特征，有的放矢地学习不同类型业务的规范化操作，以及应对不同类型来电人的服务技巧。

本书的使用可结合《12366纳税服务热线绩效测评方案（试行）》和《12366热线基本工作流程和作业标准（试行）》等制度性文件进行学习，以达到事半功倍的效果。

税收政策篇

个体工商户设立后如何纳税

背景资料

时间：《国家税务总局关于小微企业免征增值税和营业税有关问题的公告》（国家税务总局公告 2014 年第 57 号）实施前

来电人类型：新设立个体工商户

业务类型：增值税、发票管理政策咨询

咨询事项：新设立个体工商户应如何缴税及代开发票

案例关注点：如何运用选择性提问探索纳税人需求

基本案情

咨询员：您好，请讲。

来电人：我想咨询一下，咱现在不是办个体工商嘛，那个缴税怎么办？

咨询员：先生，您是说办税务登记需要什么证件，还是怎么给您核定税额？

来电人：现在是不是有个规定，说是 20000 元以下不用缴税？

咨询员：如果您是缴纳增值税，20000 元以下是不用缴纳增值税的，但是需要主管税务机关进行实地核查，核查之后才能做免税处理。

来电人：我们现在开了一个小门面，需要怎么办理税务登记？

咨询员：您是说在国税办理税务登记需要什么证件，是吗？先生。

来电人：不是证件，是办理税务登记有几种？

咨询员：那这样，您先办理工商营业执照，然后 30 天之内办理税务登记。

来电人：税务登记？像我们就是没超过 20000 元，办了税务登记还需要进行缴税吗？

咨询员：先生，如果您的经营范围涉及增值税，您的月销售额超不过

20000元可以免征增值税。

来电人：免征增值税，对吧？

咨询员：对，对。

来电人：我们不用每月固定地缴300元或者600元，是吧？

咨询员：先生，如果您的月销售额确实达不到20000元，是免征增值税的，但是首先需要经过税务机关的核实，核实过之后，可以免征增值税。

来电人：就是我们办证不用每月缴300元或600元。

咨询员：先生，您的意思是说您的主管税务机关要您缴税了，是吗？

（来电人与朋友商量还需要咨询什么问题）

来电人：那我们是否可以随时代开发票？

咨询员：随时代开什么意思？

来电人：比如说我现在卖了一个东西2000元，客户要发票，我们上税务局代开2000元发票。

咨询员：先生，您的意思是说，您不办税务登记证，有业务的时候到税务局代开发票。

来电人：嗯。

咨询员：这样不可以，先生。如果你有固定的经营场所，咱这边不能为您代开，需要办理税务登记证。而且代开只对偶然发生的业务才可以，经常代开是不可以的，而且国家对代开规定也很严格。

来电人：那办理税务登记还有其他的费用吗？

咨询员：您办理税务登记时没有费用的。

来电人：我打比方说，我现在办了税务登记证了，下个月开始会收费吗？

咨询员：先生，您办完税务登记之后，您的主管税务机关会对您进行实地核查，如果您的销售额确实超不过20000元，符合免税标准，会给您核定免税。

来电人：就是没有任何费用？

咨询员：我只能说在国税是不缴纳增值税的。但是因为您没办税务登记证，您的经营范围我也不清楚。我不知道您是不是还涉及别的税种，地税怎么规定我也不是很清楚，但是如果您的销售额达不到20000元是免征增值税的。

来电人：哦，好的，谢谢您。

咨询员：不客气，那麻烦您在挂机前做一下满意度服务评价。

分析与建议

本案例中，来电人不熟悉税收业务知识，对自己要咨询的问题不能准确描述，咨询员能以较强的语言概括力和表达力，逐步引导其提出具体诉求，并有针对性地解答来电人疑问，较好地解决了问题。但是在来电人就同一问题反复提问的情况下，没有及时调整表述方式，导致部分问题未能准确解答。

【亮点分析】

需求探索能力强。能够较为简洁有效地引导来电人提出主要诉求。例如，当来电人提出“咱现在不是办个体工商嘛，那个缴税怎么办”这样指向性不明的问题，咨询员能够迅速厘清思路，使用“您是说办税务登记需要什么证件，还是怎么给您核定税额”，以选择问句的形式提出新办企业常见涉税事项让来电人选择，提高了与税收知识有限的来电人之间的沟通效率。在获知来电人的确切需求后给予周密细致的答复：“如果您是缴纳增值税，20000 元以下是不用缴纳增值税的，但是需要主管税务机关进行实地核查，核查之后才能做免税处理”。

政策掌握熟练。良好的税收业务水平是有效沟通的基础，本案中因为咨询员有扎实的业务基础，才能迅速理解来电人的咨询要点，详细解释了免征增值税的优惠政策，对问题给予正面答复；在来电人提出“不想办理税务登记，只在发生业务时在税务机关代开发票”这一需求时，能够逻辑严密地回复，告知其按照规定有固定经营场所的需要办理税务登记证，并且代开只针对偶然发生的业务，对经常发生的业务是不能到税务机关代开的，帮助来电人快速理解税收征管的有关规定。

【问题分析】

解答方式有待提升。在沟通过程中对来电人反应的关注度不够，来电人第一次提问：“我们不用每月固定地缴 300 元或者 600 元，是吧？”咨询员答复：“先生，如果您的月销售额确实达不到 20000 元，是免征增值税的，但是首先需要经过税务机关的核实，核实过之后，可以免征增值税。”来电人再次提问：“就是我们办证不用每月缴 300 元或 600 元。”咨询员继续答复：“先生，您的意思是说您的主管税务机关要您缴税了，是吗？”在来电人对同一问题多次提问后，咨询员仍未意识到要转变解答方式，导致来电人在通话结束前又问："我打比方说，我现在办了税务登记证了，下个月开始会收费吗？"来电人始终没有理解该政策。

【工作建议】

沟通的目的是为了让来电人理解政策、获得帮助，在通话过程中咨询员要密切关注来电人的反应，如果来电人对同一问题反复提问，咨询员应重新审视答复内容的准确性，并及时调整解答方式。结合本案，建议咨询员向来电人解释核定征收和查账征收的区别，在核定征收的方式下，才需要每个月按照核定税额缴税，查账征收的情况下，据实申报即可，使来电人更易理解和接受。

小规模纳税人达到标准就必须申请认定一般纳税人吗

背景资料

时间：《国家税务总局关于调整增值税一般纳税人管理有关事项的公告》（国家税务总局公告 2015 年第 18 号）执行前

来电人类型：企业财务人员（小规模纳税人）

业务类型：增值税政策咨询

咨询事项：来电人询问企业的销售额达到标准是否必须认定为增值税一般纳税人，同时对简易征收相关政策和税负率等问题进行咨询

案例关注点：如何从看似无关的系列问题中抓住核心需求

基本案情

咨询员：您好，请讲！

来电人：请问下 G 市小规模纳税人转一般纳税人，企业不要求认定是

不是可以不认定?

咨询员: 如果是商贸企业，未达到 80 万元就随便您是否认定，达到了 80 万元就一定要认定。

来电人: 像那种砂石企业呢?

咨询员: 这个不分经营范围。除非是自然人、不经常发生应税行为的纳税人，还有非企业性单位才可以不去认定一般纳税人，其余的话都得认定。

来电人: 就是要求必须得认定? 不是说可以认定，是要求认定?

咨询员: 对，和您卖什么东西、经营范围没有关系。

来电人: 卖砂石的怎么会有进项发票?

咨询员: 您是自产吗?

来电人: 就是自己在河里挖砂。

咨询员: 一般纳税人自产的砂石可以申请简易办法征收。选择简易办法征收时不可以抵扣进项，但是可以按照 3% 的税率缴纳增值税。

来电人: 这种情况可以申请按照 3% 的税率?

咨询员: 首先符合自产的条件，“二、下列按简易办法征收增值税的优惠政策继续执行，不得抵扣进项税额。一般纳税人销售自产的下列货物，可选择按照简易办法依照 3% 征收率计算缴纳增值税。建筑用和生产建筑材料所用的砂、土、石料。以自己采掘的砂、土、石料或其他矿物连续生产的砖、瓦、石灰（不含粘土实心砖、瓦）”。

此类情况就能去申请按照简易办法征收，按照 3% 的征收率缴纳增值税。

来电人: 就是建筑砂土。

咨询员: 您就可以申请按照 3% 的征收率计征。

来电人: 申请去按照 3% 的税率征收，是吧?

咨询员: 是的。

来电人: 每个月有没有业务都要缴纳 150 元的税款?

咨询员: 您是因为会计制度不健全，按照小规模企业核定的，是吗?

来电人: 是的。

咨询员: 主管税务机关就是根据您的实际经营情况核定的，具体核定多少应纳税额是由主管税务分局掌握。

来电人: 如果是账目健全就不需要核定，是吗?

咨询员: 是的。账目健全就按照 3% 的征收率计征。

来电人: 没有业务可以零申报吗?

咨询员：确实没有业务可以零申报。

来电人：销售砂石有没有收购凭证之类的？就是自产砂石需要的收购凭证？

咨询员：自产砂石不是外购，不会有进项凭证。您这种情况不是自产而是从外面收购进来的？

来电人：我也自产，别人产的也卖些给我嘛！

咨询员：按照税法文件要求，是要求自产的砂石才能选择简易办法征收。对不是自产的卖出去，还是要按照17%或13%的适用税率缴纳增值税，不能申请按照3%的征收率计征。这种情况需要分开核算，外购进来然后卖出，就按照适用税率，自产的部分卖出去就申请3%的征收率。

来电人：这样啊，税负率还是很高嘛！

咨询员：我们不太清楚税负率这部分。我们仅提供政策供您参考，您可以自行选择是按照适用税率还是简易办法征收。

来电人：如果是与个人交易，他怎么会给我开发票呢？

咨询员：个人临时需要发票的情况可以去税务机关代开。

来电人：个人也代开不出增值税票。

咨询员：是的，个人是不能代开增值税专用发票，只能作为税前扣除或是入账凭证，不能抵扣。

来电人：还不是要缴纳17%，这样的话企业怎么会有所得利润？

咨询员：符合之前说的三种情况才不需要认定为一般纳税人。

来电人：那我按照小规模纳税人3%的征收率计征就比较简单一些？

咨询员：如果您业务比较大，超出了小规模纳税人的标准就要认定为一般纳税人。

来电人：另外还想问一下停业歇业是怎么回事？

咨询员：双定户才可以停业。

来电人：小规模纳税人不能停业，是吗？

咨询员：是的。

来电人：要不就注销，是吗？

咨询员：是的。

来电人：好，好，谢谢哦！

咨询员：不客气，感谢您的来电，再见！

分析与建议

本案例中，来电人围绕如何降低税负率提出了一系列问题，咨询员凭借扎实的业务基础以及对来电人需求的准确把握，从容应对，较好地解决了来电人的诉求。

【亮点分析】

业务基础扎实，解答条理清晰。该咨询员面对来电人提出的一系列问题能够在第一时间抓住关键点，给予简洁明了的答复。比如来电人先后询问了："请问下G市小规模纳税人转一般纳税人，企业不要求认定是不是可以不认定""如果是账目健全就不需要核定，是吗""销售砂石有没有收购凭证之类的？就是自产砂石需要的收购凭证"等问题，这些提问看似凌乱没有关联，但都是围绕着如何降低税负这一核心问题而展开，本案例中咨询员凭借扎实的业务基础快速梳理出问题的关键点，循序渐进、逻辑严密地进行解答。在类似问题中，如果能够从看似无关的问题中快速准确定位来电人的咨询需求，将会极大地提升解答质效。

【问题分析】

语言表述不够准确，沟通技巧有待提升。咨询员在沟通中表达不够严谨，有时将"3%征收率"表述为"3%税率"。在来电人咨询是否需要认定为一般纳税人时，答复"就随便您是否认定"，该表述较为随意，可表述为"就由您自行决定是否认定"，更为规范和专业。来电人提出："请问下G市小规模纳税人转一般纳税人，企业不要求认定是不是可以不认定？"咨询员直接答复："如果是商贸企业，未达到80万元就随便您是否认定，达到了80万元就一定要认定。"没有确认前提条件直接作答，有可能误导来电人。面对来电人质疑税负是否过高时，直接以"我们不太清楚税负率这部分"来回避，这种情况下可采取更为委婉的表达方式，告知来电人关于税负的计算方法及公式，并从增值税作为价外税的税制原理，以及税收优惠等角度进行解释和宣传。

【工作建议】

咨询员要加强热线规范用语学习，准确使用专业术语，进一步提高语言表达能力，增强语言逻辑性，为来电人提供更高效更优质的服务。面对来电人抱怨和情绪发泄时，应当注重沟通方式，还要避免与来电人就咨询问题无关的内容进行探讨，采取婉转的方式表达，安抚来电人情绪，尽快进入实质问题的解答，提高沟通效率。

购买增值税防伪税控设备的税额可以抵扣吗

背景资料

时间：《财政部　国家税务总局关于增值税税控系统专用设备和技术维护费用抵减增值税税额有关政策的通知》（财税〔2012〕15号）发布后

来电人类型：企业财务人员（一般纳税人）

业务类型：增值税政策咨询

咨询事项：企业支付的防伪税控专用设备和技术维护费用在增值税和企业所得税方面的处理

案例关注点：如何避免主观臆断答非所问

基本案情

咨询员：您好！请讲。

来电人：你好！像一般纳税人购进的防伪税控设备取得的增值税专用发票的那个税额可以抵扣，是吧？

咨询员：取得的发票税款是不得抵扣进项税额的，只能全额抵减增值税税款。

来电人：就是增值税一般纳税人取得的防伪税控设备不能抵扣进项。

咨询员：对，不得抵扣进项，只能全额抵减增值税款。

来电人：是吗？

咨询员：嗯，对，是这样的。

来电人：认证的、全额抵扣税款的，那不是一个道理吗？

咨询员：哦，不一样的，抵扣是抵扣的进项，抵减是抵减的增值税款。

来电人：哦，那这块抵减的应纳税额，好比说，应纳税额是5元，这一部分是3元，直接把3元抵掉就行了？

咨询员：对！

来电人：反正也得认证。

咨询员：对，必须要认证的，但是不得抵扣进项。

来电人：哦，我理解这两个是一个意思。

咨询员：不是一样的，先生！增值税一般纳税人初次购买防伪税控设备，它不是有一个专票还取得了一笔技术维护费的费用吗？

来电人：对，对，对！

咨询员：这两笔费用，我们说尤其是初次购买的，两笔费用可以全额抵减增值税款。您说的这个是其中的一笔（专票）设备费，他不是给您开具的专票吗？这一笔费用是不得抵扣进项税额的，只能全额抵减增值税款。

来电人：那这是第一次，如果是以后呢？

咨询员：以后就不可以了。

来电人：以后就可以正常抵扣进项税了。

咨询员：可以抵扣进项，但不可以抵减增值税款。

来电人：以后的维护费也不能抵减了？

咨询员：以后年度的，以后每年都会发生技术维护费，您会找公司为您做技术维护，那么以后每年发生的技术维护费也可以全额抵减增值税款。

来电人：哦，那就是每年兴华公司收的那个费用都可以抵减？

咨询员：对，就技术维护费这笔是每年可以抵减的，唯独设备费这笔，您初次购买的，肯定买一次，它可以和技术维护费全额抵减，之后的您不可能年年都去买设备了吧！

来电人：对，对！

咨询员：是这样的，先生。那么之后每年设备都要发生技术维护费，技术维护费这块允许以后年度都可以做增值税额的全额抵减。

来电人：我看发文上还说的什么是“可以所得税税前列支”。

咨询员：您说的是哪块？

来电人：意思就是技术维护费这块，说的是可以所得税税前全额列支的。

咨询员：技术维护费这块，这个文件是今年的新规定，技术维护费以后年度可以逐年抵减增值税款，初次购买的和设备费两项费用加起来可以全额抵减增值税款。

来电人：那这个是今年新的文件。

咨询员：对，今年新的。

来电人：是多少号文？

咨询员：好的，先生，请您稍候，我为您查询。

来电人：嗯嗯！

咨询员：好的，嗯。

来电人：我们看的是2004年的文，好像不是这么说的。

咨询员：您稍等，先生。

咨询员：您好！先生，感谢您的耐心等待。请您记下这个文件号：财税〔2012〕15号文件。

来电人：是下半年发的，是吧？

咨询员：财税〔2012〕15号文件，发文日期是2012年2月7日发的文。

来电人：好的，谢谢啊！

咨询员：好的，先生，请问您记下了吗？财税〔2012〕15号文件，发文日期是今年2012年2月7日发文的。

来电人：好的，谢谢，记住了。

咨询员：好的，先生，请问您还有其他问题吗？

来电人：没有了。

咨询员：好的，感谢您的来电，请您对我这次的服务做一个评价，谢谢！

分析与建议

本案例中，咨询员语言表达不够准确，省略语语义不明，导致来电人误解。没有认真倾听，答非所问，沟通过程显得较为拖沓，效率较低。

【问题分析】

语言表达不准确。来电人咨询："你好！像一般纳税人购进的防伪税控设备取得的增值税专用发票的那个税额可以抵扣，是吧？"咨询员答复："取得的发票税款是不得抵扣进项税额的，只能全额抵减增值税税款。"其中"全额"指代不明，按政策规定，这里的"全额抵减增值税税款"是指防伪税控设备和维护费价税合计金额可以全额抵减税款，这样的表述使来电人理解为发票税额可以全额抵减增值税税款，接着问"认证的、全额抵扣税款的，那不是一个道理吗”？

没能用心倾听。来电人询问技术维护费是否可以在所得税税前全额列支，咨询员答复：“技术维护费这块，这个文件是今年的新规定，技术维护费以后年度可以逐年抵减增值税款，初次购买的和设备费两项费用加起来可以全额抵减增值税款。”来电人问题在于企业所得税税前能否扣除，咨询员却对增值税全额抵减进行解释，没有认真倾听来电人问题，沉浸在之前的增值税沟通语境中，导致答非所问。

【工作建议】

语言表达要严谨，保证语义明确。加强思维能力锻炼，提高遣词造句水平，使用规范的缩略语，避免表达过程中前后指代不一致，造成来电人误解。通话过程中，要保持注意力集中，用心倾听，捕捉来电人话语中的信息，及时跟上来电人思路，提高沟通效率。

“营改增”对企业有什么影响

背景资料

时间：《财政部 国家税务总局关于在上海市开展交通运输业和部分现代服务业营业税改征增值税试点的通知》（财税〔2011〕111号）执行初期

来电人类型：企业财务人员

业务类型：增值税政策咨询

咨询事项：拨打税务机关电话为何一直无人接听以及营改增相关政策

案例关注点：如何避免与来电人进行不必要的争论

基本案情

咨询员：您好，471号咨询员为您服务。请说。

来电人：问下你们刚才告诉我的，就是国税的热线电话号码打过去，全是没人接的。

咨询员：什么电话？

来电人：XXXX，好像是这个。

咨询员：XXXX？是哪个分局的？

来电人：西区。

咨询员：XXXXXXX。

来电人：打不通的，XXXXXXX。

咨询员：XXXXXXX 西区国税公开电话，我这边只有这么一个。

来电人：就是啊。他们那个电话形同虚设的，放在那边。打过去就是没有，就是不接的。

咨询员：是不接，还是打不通啊？

来电人：打过去全都是忙音。

咨询员：因为他只有一个公开电话，比较忙……

来电人：不是，你打过去，他就挂掉，就马上"嘟嘟嘟嘟"的声音。所以说他这个电话……

咨询员：是这样的，他忙线就变成这样的长音了。他这个情况确实有，因为现在是征期最后一天打电话的人比较多，又碰到营改增的问题。所以建议你可以留下专管员电话以方便联系。因为是公开电话，所有西区单位咨询，国税都是打这个电话过去的。

来电人：我倒不是很相信。他们难道忙到这种地步。根本就不是忙音了。是马上就挂掉，不是挂掉，就是那种好像根本就不存在这个电话一样的。不是一般的正常的那种"嘟，嘟"。

咨询员：没有啊。它是提示说对方现在正忙，请稍后再拨。

来电人：没有，一点提示都没有。

咨询员：我刚刚打了。

来电人：嗯？

咨询员：我拨给你听好了。

（咨询员拨打电话，接通后声音是"对不起，对方现在正忙……"）

来电人：你还听到这种声音，我连这个声音都没有的。

咨询员：他有的呀，刚才不是拨给你听过的呀。

来电人：XXXXXXX 啊？

咨询员： 对呀。他有提示的，稍后再拨给您。他是太忙了，所以会有语音提醒的。

来电人： 这个营改增我们涉及的都不知道怎么办。

咨询员： 你们有收到具体税务机关短信之类的吗？

来电人： 没有收到短信。但是我昨天在报国税的时候，收到一张国税的通告。我们是一般纳税人，资格认定以后，就是现在营改增以后，营业税就不能交了，变成交增值税了嘛。增值税是 17% 的，这个你怎么来核定我们啊……

咨询员： 您是干什么的啊？

来电人： 什么是干什么的？企业啊？

咨询员： 对。

来电人： 我们企业以前就是做贸易的，今年年初就不做了。这个业务几乎已经为零了。所以说后面我们都是零申报了，增值税方面的。报表上也是看的出来。

咨询员： 营业税是干什么的？

来电人： 搞服务的嘛。原来我们在地税缴的。

咨询员： 那不是 17%，是 6%。

来电人： 对呀，原来我们在地税是 5%，对不对。营业税加上去了。你这样的话，增加 1 个点了，对不对。

咨询员： 你先告诉我，你现在国税是一般纳税人吗？

来电人： 对，一般纳税人。这个资质又不能取消，是不是啊。然后面临了就是缴 6 个点了，反而不是降低，而是增加我们的成本了。

咨询员： 那这个是国家文件规定，税务机关也是根据国家文件操作的。

来电人： 就是这么点精神嘛。肯定是这样的嘛？

咨询员： 那我们只能回答到这个。

来电人： 只能这个，是吗？

咨询员： 唉，对的。

来电人： 噢，比如说我问专管员的话。可能给我的信息也只能是这个信息啰。

咨询员： 他也只能按文件回答。因为这个税是这么规定的。

来电人： 你这个文件具体的是怎样一个文件啊。

咨询员： 文件非常多。最大的文件就是财税〔2011〕111 号。

来电人：那我记下哦。

咨询员：嗯。

来电人：叫什么？

咨询员：财税〔2011〕111号。

来电人：财税〔2011〕111号。这是哪里出的？国家出的？

咨询员：国家出的。

来电人：嗯。好的。

咨询员：那非常感谢您的来电。

分析与建议

本案例中，咨询员没有把握来电人的真实意图，浪费了通话时间，降低了沟通效率。同时由于对营改增政策不熟悉，语言表达不规范，语义表述不准确，致使来电人带着疑问结束了通话，问题未能得到有效解决。

【问题分析】

电话驾驭能力不强。当来电人质疑税务机关公开电话无法接通时，咨询员一直针对电话是正忙还是挂断这个问题与来电人争论，未能掌握主动，进行正面引导。这种情况下可告知“非常抱歉给您带来不便，请问您拨打电话需要咨询什么问题呢”对话题进行转移。另外，咨询员“我拨给你听好了”这种处理方式极易引起来电人反感。

服务用语规范性差。使用了“你先告诉我”“稍后再拨给您”等有驱使来电人意味的服务忌语，建议使用“麻烦您告诉我”“麻烦您稍后再拨打一下”等易于接受的语言。“您是干什么的啊”“营业税是干什么的”等语句表达不规范，可以修改为“您的企业做什么业务”以及“请问您具体从事营业税什么行业”。

政策掌握不到位。来电人询问营改增政策，认为税率提高，税负增加，颇为不满时，咨询员仅告知这是政策规定，没有办法，并提供了一个很宽泛的文件依据，未能进行详细解释。建议从进项税额抵扣、营改增目的、增值税税制设计、税负不能只看税率等方面解释，从而消除来电人“税率提高，就是税负提高”的误解。

【工作建议】

遇到对税务机关工作有质疑的来电人时，要注意缓解其情绪，正面引导，将话题转移到实质问题上，从而掌握通话主动性，从根本上解决问题。同时要加强纳税服务热线规范用语的学习和训练，使语言表述更加规范、专业和准确。热线咨询是咨询员与来电人之间的语言交流，不要求像书面表达那么严谨，但也不能过于随意，应避免本案例中出现的“您是干什么的啊”“营业税是干什么的”此类表达。平时要加强营改增政策的学习和理解，从改革目的、意义、原则等方面加深政策理解，便于准确地向广大纳税人宣传和解答，使纳税人对改革有正确的认识、消除顾虑。

生产型的日资企业能办出口退税吗

背景资料

时间：《国家税务总局关于部分税务行政审批事项取消后有关管理问题的公告》（国家税务总局公告2015年第56号）发布前

来电人类型：企业财务人员

业务类型：增值税政策咨询

咨询事项：新办生产型的日资企业是否可以办理出口退（免）税

案例关注点：如何有针对性地答复以提高咨询效率

基本案情

咨询员：喂，您好。

来电人：喂，您好，我想咨询一下就是咱们开发区这边成立了一个生产型的日资企业，这种企业可以有出口退税吗？

咨询员：是这样的，您是什么类型的企业我们区分不了，主要是看您有没有进出口经营权。进出口经营权应该是在外经贸局审批，像内资企业一般都是有对外贸易经营审批备案表。外资企业的话，他没有这个备案表可能会有一个其他的这样的文书。只要能证明他有进出口经营权的话就可以做进出口贸易，那么就可以谈到有没有出口退税。

来电人：哦，那光是贸易吗？生产企业也可以出口退税吗？

咨询员：从出口这块讲的话，现在是没有限制的，如果说有进出口经营权的话您可以自行出口，如果没有进出口经营权的话，您可以委托一个有进出口经营权的外贸公司，让他来帮您代理出口，或者说您本身有进出口经营权的话，也可以委托其他外贸公司来代理您出口。从政策上来看，它分退税、免税，个别现象还有征税的这样一个政策，它政策适用的不同。从出口这块的话，实际上是没有过多的限制的，主要您的东西能不能出去还是要看海关、质检等其他部门一些的影响，我们这块主要是从后置的这样一个环节来看您是不是涉及到退税，还是免税。

来电人：哦，主要是最关键是看有没有进出口经营权，是不是？

咨询员：对。

来电人：这个还得看他是办没办，是不是经营范围当中还有比如说进出口业务这样的字眼儿？

咨询员：经营范围这块也不是税务部门定的，这您得问工商部门。

来电人：哦，那如果这个没有的话是不是就办不下来了？

咨询员：进出口经营权应该是外经贸局那面，他们负责这部分。

来电人：那不管是内资企业还是日资企业，只要出口都有可能能办下来，是吗？

咨询员：您现在是说要办理出口退税吗？

来电人：对。

咨询员：出口退税是这样的，就是首先大的原则是我刚才给您讲的那些。那么如果您在进出口经营权没有办下来，包括您的退税登记证没有办下来之前，因为这块能不能发生业务我说不好，出口的话主要是海关报关那面其他部门说了算，那这块就是说，如果您在办理退税登记之前发生这样的出口业务的话，那么按照我们现行的规定，可以在您办理完退税登记之后，到主管税务机关，仍然是按照我们现在的规定来进行处理。这个文件您可以记一下，回去学习一下，国家税务总局公告2012年第24号……

来电人：国家税务总局文件，是不是？

咨询员：国家税务总局公告2012年第24号。我刚才跟您说的是第三条当中的出口退（免）税资格认定，也就是咱们俗称的退税登记，基本上就是这个意思。其中这个第（三）项说："出口企业和其他单位在出口退（免）

税资格认定之前发生的出口货物劳务，在办理出口退（免）税资格认定后，可以在规定的退（免）税申报期内按规定申报增值税退（免）税或免税，以及消费税退（免）税或免税。”也就是说如果您之前发生的业务的话，可以在认定之后按照现行的规定来操作，能退就退，能免就免，和其他的企业就是一样的了。

来电人：哦，那就说不涉及国税的事儿，是不是？

咨询员：对，刚才跟您说的证明是这样，一般进出口经营权有这样两个东西，一般取得的都是对外贸易经营者备案登记表，这是外经贸局核发的，也有批准证书，这个是中华人民共和国外商投资企业批准证书，如果有这个的话，也算取得进出口经营权了。

来电人：是这样啊，那这就不涉及如果享受免抵退政策的时候，我生产的产品的材料是来自国外的来料加工还是国内采购的，这个都没有关系，是不是？主要是我们企业是一个日资企业嘛，我们的材料假设说要是从日本进的材料在这边加工生产完以后再……

咨询员：您刚才那个大的业务怎么做，您跟我说一下？

来电人：这个呢，有可能是从日本来料加工，然后咱们T市这边在国内也有材料加工，加工以后的成品呢……

咨询员：是这样，您这个加工贸易是怎么做呢？比方说，有这么几种形式：您走手册的话，通常有进料加工和来料加工；如果您不走手册的话，这块您就单纯从那面进一批料件回来之后加工再说出口的话，那您这双向是一般贸易进出口，那您这具体加工贸易怎么做呢？

来电人：加工就是进来材料以后……

咨询员：因为咱们加工贸易有手册，适用的政策不同，您如果说是进料加工的话，那么适用的是免抵退；您如果说是来料加工的话，适用免税。所以我要区分清楚您现在加工贸易怎么做，或者说，您干脆就是把整个业务给割裂了，完全不走手册，就从他这进口一批货物，之后再加工，加工之后一般贸易再出口。那如果说是这样的话，那么就得区分，您前面那个能不能抵扣，后面这块能不能退税，就得分成两半来看，进口是进口，出口是出口，所以这块我得了解清楚具体您这个贸易是要怎么做。

来电人：哦，那你刚才说这个手册一个来料一个进料我不懂。

咨询员：来料加工是这样的，因为这个首先加工贸易它的大的方向是您先要到外经贸局那面去做您这个加工贸易合同的审批备案，做好之后，一方面做合同审批，还有一个对您的加工能力他要出具一个加工能力证明，这个之后的话他认可了您的这种加工贸易形式，正常来讲，大多是一个是来料加工一个是进料加工，那么您这边做好合同之后，也就是说他这边批准您做这项贸易了，您可以到海关那面申请手册，您说我要计划要进多少东西，加工生产之后这个成品是什么样，我这个东西再出去，出去出给谁，这个合同上面都写清楚了，然后海关会给您出手册。当然，如果您长期做这个的话，可能还有电子账册，那么这块就是说，海关就会给您做个备案，然后您就按着您计划的进口出口，当然实际消耗可能会不一样，这个后期手册核销之后还会有个调整。那么这个通常指的是，我们在进料加工和来料加工下才是这么做的，因为他是加工贸易嘛。那么这里面进料加工和来料加工的区别主要是：来料加工适用于免税政策，因为您整个的这个料件它叫来料，就是说它的所有权不是您的，您只是把它给取进来，取进来之后加工，实际上对方支付给您的就是一个加工费，然后您再把这个东西再出口，那么这里面就是说从这个料件进口到料件出口这个料件的所有权始终都不是您的。那么进料加工就不一样了，您在进口这个料件的时候，您是要给对方钱的，可能你俩是平价交易，但是不管怎么样，这个料件所有权实际上是转移到我们这边的，那么这块就是说您再给它加工完之后再次出口您最终是以货物出口的，他收的是货物，实际上您要是把料件那个钱刨掉它也是加工费，但是整体上来看他支付的还是货物的款项，那么这样的话他就是一种进料加工的。他这个出口的话和来料的差别就是说您的这个进口料件的所有权实际上是您买过来了。那么这块就是说他俩的退税政策的话，咱们现在以生产企业为例，生产企业您在做来料加工的时候，我要给您的全环节免税，进口这块给您保税，出口这块免税，然后包括您这取得加工费什么的整块这个环节都是免税的，不涉及退税的问题。然后还有一个就是进料加工了，进料加工就不同了，您在进口料件的时候这个料件我是保税进口，不征您进口环节的税的，但是您加工之后，这个加工环节可能会产生一些相关的材料或者是一些损耗这些，那么这部分将来会作为国内进项，因为退税的时候是免抵退么，要把这个保税料件扣掉之后用这一部分来算您的免抵退。大的概念是这样的，可能我说的这个比较简单，您可以看一下我们最新的文件财税〔2012〕39号文，关于进料加工计算的这块内容，那么它最终适用的政策就是退税了，当然这个退税对生产企业来说实际上就是免抵退税政策了。

来电人：哦，是这样，我大体明白了，然后我再看一下这两个文件。

咨询员：可以。

来电人：谢谢你。我想问一下如果说是来料的话是免税那我还用办那个出口退税证吗？

咨询员：需要办的，因为只要是您有进出口经营权，这块刚才说的那个文件您可以看一下，那个24号文认定这块："出口企业应在办理对外贸易经营者备案登记或签订首份委托出口协议之日起30日内，填报《出口退（免）税资格认定申请表》，并且提供相关资料到税务机关认定。"这块就是只要有出口的话他就给您限制住了，只要有出口就应该过来办理认定。

来电人：就必须得办呗，是不是？

咨询员：对，对，对。

来电人：那么就是说，不管什么国内的还是韩国的还是日本的企业也好，在这边只要成立了企业都要办理退税证的，是吧？

咨询员：是的，因为您要是有出口业务的话，那么有个硬的指标就是说如果说是这个出口经营权办下来了，应当是在30日内就到税务机关来申请办理。

来电人：哦，那我知道了，讲得很清楚，我再看一下这两个文件，谢谢你。

咨询员：好，不用谢，再见。

来电人：再见。

分析与建议

本案例中，咨询员以扎实的业务基础，热情细致地向来电人解释了出口退（免）税政策规定。但是没有把握咨询重点，答复没有针对性，咨询效率不高。

【问题分析】

未能抓住问题关键点，答复内容没有针对性。在双方沟通过程中，来电人询问："咱们开发区这边成立了一个生产型的日资企业，这种企业可以有出口退税吗？""哦，那光是贸易吗？生产企业也可以出口退税吗？"来电人咨询的问题是生产型日资企业能不能办理出口退税，但咨询员用1000多字的篇幅，从办理进出口经营权、出口方式、来料加工、进料加工等内容，涉及外经贸局、海关、质检、工商等单位进行全面综合详细解释，按照自己的思维方式向来电人解释了出口退税的各种情况，而不是针对来电人的具体情况作答，导致通话时长过长，解答效率低下，浪费热线资源。

【工作建议】

面对较为复杂的税收政策问题时，咨询员应加强对来电人需求的理解和重点问题的把握，快速抓准咨询要点，本着准确高效的原则，简洁清晰、层次分明地为来电人解答。对热线咨询要有正确定位，注意热线解答和政策辅导的区别，在解决来电人问题的同时，也应注意合理把握通话时长，提高热线资源利用率。

金银首饰是否可以税前扣除

背景资料

纳税人类型：企业财务人员

业务类型：企业所得税政策咨询

咨询事项：企业将外购的金银首饰赠予客户或用于内部装饰，能否在企业所得税税前扣除

案例关注点：如何解答规定较为原则、实务中难以界定的问题

基本案情

一、咨询员受理

咨询员：喂，您好！

来电人：你好，我想问一下，单位买的金银首饰可不可以税前扣除？

咨询员：买的这个金银首饰是干什么用？是销售吗？

来电人：不是销售，是送礼。

咨询员：不可以。

来电人：为什么？有什么说法呢？给我说说。

咨询员：正常您就看看属不属于业务招待费。

来电人：那金银首饰属不属于业务招待费呀？

咨询员：它不是说这个货物（是否属于），要看您的行为。

来电人：那你认为行不行？

咨询员：我没有看到您的具体行为，我没办法给您确认。

来电人：比如说买金银首饰呀？

咨询员：一个什么样业务情况下，您要送给客户金银首饰呢？为什么要送呢？

来电人：业务往来呀。

咨询员：业务往来有很多种形式，为什么一定要采取这种贵重金属这样一种形式呢？

来电人：我就问一下（这种）行不行啊？

咨询员：那这个问题建议您找主管局确认一下吧，我们这掌握这么一个原则，如果您属于业务招待费的话，按税法业务招待费的口径进行扣除，不能直接全额进费用扣。

来电人：按多少，啊，我知道，你说不行啊。那你再问问他们怎么解释的？

咨询员：你需要转其他座席吗？

来电人：转什么？

咨询员：你需要转其他座席吗？

来电人：也行，你给我转一下，我听一下别人怎么解释的，你解释了，我再听听别人怎么解释。

咨询员：可以可以，您稍等。

来电人：麻烦你了。

咨询员：您稍等一下，我现在转接只能转接高级座席，我看看哪个高级座席在线，您稍等一下，马上给您转接。

（转接过程中……）

二、高级座席受理

咨询员：喂，您好。

来电人：我想问一下，单位买的金银首饰，可不可以做费用扣除？

咨询员：您这金银首饰是做什么用的呢？

来电人：送礼呀，或者企业办公室摆着做装饰。

咨询员：正常情况下这个装饰是要看有没有经营方面必要性的，如果没有办法证明它的必要性的话，是不允许在所得税前扣除的。

来电人：我没明白，你刚才说的什么性？

咨询员：必要性。

来电人：怎么叫必要性？

咨询员：咱举个例子吧，比方说有的单位做那种非常昂贵的显示屏，他可能就需要做产品的展示，他如果不用这种显示屏，他可能就无法和国际接轨什么的，那么他做了就属于生产经营有必要的，那可能让他扣。那如果说你这个单位没有必要，我安一个显示屏是为了给员工看电视或是怎么样，那么您该属于福利（扣除），或是奢侈（品）的就不让扣了。主要是看您买的这个东西跟生产经营的关系。

来电人：假如说我是用来摆设呢？摆在桌子上的？

咨询员：那按照政策规定，如果属于奢侈型的没有用处的摆设摆件是不能扣除的。

来电人：不能扣除啊，要是与经营关系密切的还有可能啊。

咨询员：所得税有个大的原则，就是与生产经营收入有关的。

来电人：啊，要是摆件的话做固定资产也不行吗？

咨询员：你这个也不符合企业正常生产经营固定资产的条件，它也不属于生产经营过程中使用的固定资产。

来电人：就是你这个摆件必须跟生产经营挂上钩才行，不挂上钩就不行？

咨询员：对，必须有合理的理由，或者相关的证据。因为尤其是您买金银首饰，一般价格都比较昂贵，税务机关将来会去核实的。

来电人：啊，一般金银首饰不允许啊。

咨询员：对。

来电人：好，行，谢谢。

咨询员：您还有其他问题吗？

来电人：没有了。

咨询员：好的，感谢您的来电，再见。

分析与建议

本案例中，首位咨询员未能抓住问题关键点，语言表达不规范，缺乏沟通技巧，最终没有解答来电人提问。高级咨询员面对有一定判断难度的咨询问题时，能从政策出发，举例说明，给予了较为合理的答复。

【亮点分析】

高级咨询员善于举例说明。购进的金银首饰能否税前扣除，在税收政策上规定得较为笼统，属于实务判定中的难点问题。高级咨询员通过适当举例："比方说有的单位做那种非常昂贵的显示屏，他可能就需要做产品的展示，他如果不用这种显示屏，他可能就无法和国际接轨什么的，那么他做了就属于生产经营有必要的，那可能让他扣。那如果说你这个单位没有必要，我安一个显示屏是为了给员工看电视或是怎么样，那么您该属于福利（扣除），或是奢侈(品)的就不让扣了。主要是看您买的这个东西跟生产经营的关系。"帮助来电人逐步理解"与生产经营相关"的判断标准，引导其自行得出结论，既规避了直接作出判断的风险，又较好地进行了解答。

【问题分析】

首位咨询员服务不够规范。"我没有看到您的具体行为，我没办法给您确认" 更好的表达是："我们要核实您的具体情况才能确认"。两次询问来电人"你需要转其他座席吗"存在推诿之嫌，咨询员对政策不熟悉，想要转接高级咨询员时，可以说："为了更准确地答复您的提问，我为您转接我们的高级咨询员进行解答，您看可以吗"这样既避免了推诿之嫌，也使来电人感受到咨询员的热情服务。在通话过程中，咨询员还进行了反问："业务往来有很多种形式，为什么一定要采取这种贵重金属这样一种形式呢"，该提问已经超出了咨询员的职责范围，并带有责备的意思，容易引发来电人不满。

【工作建议】

咨询员应加强热线服务规范的学习，培养良好的用语习惯，增强语言逻辑性，使语言表述更为规范和专业。当咨询员转接电话求助时，建议先将来电人的咨询要点向高级咨询员进行说明，能避免来电人重复表述，产生不耐烦的情绪，进一步提高沟通效率。

异地缴纳社保费能否税前扣除

背景资料

来电人类型： 企业财务人员

业务类型： 个人所得税政策咨询

咨询事项： 单位员工在外地缴纳的社保费是否可以在个人所得税税前扣除

案例关注点： 如何通过精准提问和信息确认抓住核心问题

基本案情

咨询员： 喂，您好！请讲！

来电人： 我想咨询一个个人所得税代扣代缴的问题。

咨询员： 您请讲。

来电人： 我单位从外地聘用一职工，他的社保关系没转过来，他在异地缴纳的“五险一金”，我单位在扣缴其个人所得税时，可否在税前进行扣除？

咨询员： 你的意思他在异地缴纳社保费能否税前扣除？

来电人： 是的。

咨询员： 但实际这部分钱是你们支付的。

来电人： 是的。

咨询员： 他不是我们当地人？

来电人： 对。

咨询员： 他现在在这边工作，按规定应该在我们本地缴纳。

来电人： 他是职业经理人，我们聘请过来的。他现在和我们签订的是劳务合同。

咨询员： 他的工资是按期正常发放的吗？

来电人：工作期间是正常发放的。

咨询员：那他应该把社保关系转过来呀。

来电人：他不转。他长期还是在外地。

咨询员：现在是否原单位还为其发放工资？他是否在两地同时取得收入？

来电人：他已与原单位解除了劳动关系，现在只有我单位为其发放工资。

咨询员：你单位在发放其工资时有没有扣缴其个人应缴纳的社保费部分？

来电人：没有。我们全部发放给其本人，他为我们提供异地社保局缴纳“五险一金”的平均数字作为依据。

咨询员：但实际这部分钱是你们支付的。就是说他并没有在异地缴纳社保费的凭证。

来电人：是的。

咨询员：也就是说，工资你们全额发放，至于在异地缴不缴纳社保费，你们不再过问。他给你一个平均数就行了。

来电人：是的。

咨询员：这种情况你单位肯定不能在扣缴其个人所得税前扣除个人缴纳社保费部分。

来电人：如果他能提供在异地缴纳社保费的凭证，能否扣除？

咨询员：如果他能提供在异地缴纳社保费的合法有效凭证，经地税机关审核后，可以在税前予以扣除。

来电人：那暂时没有缴费凭证，只能在税前扣除3500元？

咨询员：税前还可扣除独生子女费、按比例发放的住房公积金等。

来电人：因他关系在外地，这部分我们不管。我们只管他的“五险一金”。另外一个问题，他前几个月的工资我们没发，现在补发怎么处理？

咨询员：若真是补发前几个月的工资，可以按月均摊。

来电人：好的，知道了，谢谢！

咨询员：好的，再见！

来电人：再见！

分析与建议

本案例中，咨询员能够用简洁明确的问句，对问题的相关信息进行确认，在较短时间内把握业务要素，解答了来电人的主要疑问，但对政策细节的掌握应该加强。

【亮点分析】

问题引导能力较强。咨询员语言简练，干净利落，采用复述、追问等方式进行详尽的需求探索，为准确解释政策、答复问题打下了良好的基础，推动了咨询的顺利进行。在电话沟通过程中，通过“你的意思他在异地缴纳社保费能否税前扣除”“现在是否原单位还为其发放工资？他是否在两地同时取得收入”“你单位在发放其工资时有没有扣缴其个人应缴纳的社保费部分”等多次提问，引导来电人提供更详细的信息，最终确认具体情况，确保咨询过程中双方语义表达明确，没有歧义。

【问题分析】

对政策细节的掌握有所欠缺。来电人咨询：“那暂时没有缴费凭证，只能在税前扣除3500元？”咨询员的回复“税前还可扣除独生子女费、按比例发放的住房公积金等”略有偏差。根据《国家税务总局关于印发〈征收个人所得税若干问题的规定〉的通知》（国税发〔1994〕89号）文件精神，独生子女补贴不属于工资、薪金性质的补贴、津贴或者不属于来电人本人工资、薪金所得项目的收入，不征税，因此不存在能否扣除的问题，说明咨询员对政策的理解不够准确。

【工作建议】

对税收政策的把握既要全面，又要注重细节。解答政策问题时，应保持语言的严谨，对于不征税、免税、扣除标准等容易混淆的专业概念应严格区分，提高解答的准确性、专业性。

这套房子到底是算继承，还是赠与

背景资料

时间：《财政部　国家税务总局关于全面推开营业税改征增值税试点的通知》（财税〔2016〕36号）执行前

来电人类型： 自然人

业务类型： 个人所得税、契税等政策咨询

咨询事项： 房产分割行为应属于继承还是赠与，应如何纳税

案例关注点： 如何透过复杂案情准确把握业务实质

基本案情

咨询员： 您好，××地税12366。

来电人： 你好，你是地税咨询系统，呃，纳税系统的吗？

咨询员： 我们是税务咨询的平台。

来电人： 呃，你贵姓？

咨询员： 我是6002号咨询员，请问有什么可以帮您的？

来电人： 我这个问题比较复杂，我以后可能还要找到你的，6002号咨询员，是吧。现在有个事情，我想让你帮我解答一下。我有个女儿去世了。这个女儿有三套房子，女儿有丈夫和一个小孩。这个女儿去世后，就将这些房产进行价值分割，就把N市的一套房产分给了女儿的母亲，你听到了吧？就把房产分给了女儿的母亲这个老人。当时到了地税契税所办理缴税事宜，地税机关的人对老人说这事要办理一个赠与合同，他们说那套房产有一半是女婿的，要赠与给老人。现在就存在了两个问题了，一个是房产分割协议，把那套房产是分给了老人；一个是赠与合同，把房产赠与给了老人，然后，就去契税征收机关办理了契税缴纳。

咨询员： 您好，先生，您稍等一下，就是这套房产是女儿和女婿所有的，一半产权属于女儿，一半产权属于女婿，女儿现在过世了，是通过继承的形式，母亲无偿得到了女儿的一半产权的房产，另外一半产权是通过女婿赠与的方式，是吗？

来电人： 是的。这个事情比较复杂，原来的方式是通过分割协议，将三套房产的价值进行分割，将N市的这套房产分给母亲。

咨询员： 三个人的分割协议？

来电人： 是啊，有女婿和小孩啊。

咨询员： 小孩有满十八岁吗？他也是房产证上注明的共有人吗？

来电人： 小孩满十八岁了，但是房产证上没有他的名字。

咨询员：房产证上只有丈夫和妻子的名字？

来电人：对的，原来的分割协议是按照几套房产的价值进行分割的。

咨询员：现在，你咨询的是一套房产，还是几套房产呢？

来电人：一共是三套房产，两套在N市，一套在国外。现在他们是按三套房产的价值来分割，先把女婿这部分的价值剔除，然后按价值分割，把N市这边的一套房产分给了老人，这个协议的内容是这样的。

咨询员：这个协议是自行拟定的吗？

来电人：对的。

咨询员：经过法院的判决认可的吗？

来电人：现在是这样，我先把这个事情说完，这个协议的大致内容是这样，这个事情还没完，经过了一段时间，在办理房产转移手续时，因为女婿经常在外地，没办法回来办理这个事项，于是就签订了一个委托办理房屋产权过户手续的公证书，女婿就放弃自己拥有的部分，并把这部分给老人，这个继承赠与合同的内容大致是这样。

咨询员：嗯，我清楚您的情况了。

来电人：然后，也到税务局去缴纳了契税。缴纳了契税后，又有其他的问题了，这套房子是房改房，没有房产证，这个过户手续办不了，就出现了一系列的问题。后来女婿就反悔了，他说赠与的这个手续时间太长，已经过期了，不再办理赠与手续。于是赠与和受赠方就到法院打官司，法院判决分割协议有效，赠与合同也有效。我们到地税局去，地税局让我们缴纳赠与税。

咨询员：我们没有赠与税这个说法，是不是要缴纳个人所得税、营业税？

来电人：税务局是说赠与了要纳税，对对对，是赠与这个行为要纳税。所以，我就有疑问了，因为，法院判决分割协议和赠与合同都是有效的，而且分割协议在前，赠与合同在后。所以，如果分割协议是有效的，赠与合同就是没有意义的，就是不合法的了。

咨询员：那现在您是想通过我们解答什么问题呢？

来电人：现在，你去税政科问问那个吴小姐，到底是承认分割协议，还是赠与合同？

咨询员：您递交了资料到税务机关的哪个部门？哪个工作人员了？

来电人：税政科吴小姐。

咨询员：是Q区地税局的吴小姐，是吗？您说的是Q区地税局的吴小姐，是吗？

来电人：是地税局税政科。

咨询员：我现在看不到您的资料，您既然递交了资料到Q区地税局，他们了解情况会比较清楚，您能把问题再表述一下吗？你是有一个分割协议，一个赠与合同？是什么情况，您能更详细地和我表述一下吗？

来电人：就是说女儿拥有的三套房产，在女儿去世后，把三套房产的价值进行分割，比如三套房产的价值是100万元，那么分割给老人的就是30万元，就是N市的这套房子。

咨询员：您看，我这样表述您的这个情况，是不是这样，女儿拥有三套房产，女儿和女婿共同拥有，女儿去世后约定女儿的这部分产权给母亲继承，关于女婿的那部分产权，当时在协议中有没有约定如何分配？您要把这个和我再表述一下。

来电人：女儿去世后，三套房产已经按照价值进行了分割，给女婿继承，协议中把一部分房产的价值分割给老人，就是位于N市的这套房产。后来，在办理过程中，签订了赠与协议，并办理了公证手续，但是因为赠与手续办理的时间太长，女婿认为赠与合同的有效期限是3个月，超出期限了赠与合同就失效了。后来法院判决分割协议也有效，赠与合同也有效，我们就去地税局办理相关房产的纳税手续，我把我的情况和我的意见和Q区地税局税政科的吴小姐说了。吴小姐说我这个赠与要按买卖的税来交。

咨询员：那您的意见是认为这个房产分割行为不用纳税，是吗？

来电人：我认为这个是属于财产继承，不是赠与，应该不用纳税的。

咨询员：我给您解释一下，这个财产分割行为是这样，属于女儿的那部分产权给母亲是属于继承，但是女婿拥有的那部分产权给老人是属于赠与而不属于继承。

来电人：我对这个问题有疑义，我认为这就是产权的分割，就不是赠与行为。既然这个分割协议是有效的，为什么这个情况还是赠与行为呢？这个问题完全就不是你们理解的那样，我认为这个就是女儿财产的分割，就是继承行为，不是赠与行为。

咨询员：对不起，我打断一下您，我们认为女婿的这部分产权给老人，这部分产权的分割不属于继承，是属于一个赠与行为。这个我们和主管税务机关的意见是一致的，建议您提交资料给主管税务机关进行一个最终的判断，如果主管局的意见还是要去交，那您需要按照主管税务机关的意见缴纳税款，如果还有疑义，您可以向上一级主管税务机关提交行政复议申请。

来电人：上级税务机关是哪里？

咨询员：是N市地方税务局，您可以向其提交行政复议申请。

来电人：哦，好吧，再见。

咨询员：再见。

分析与建议

本案例中，咨询员能够准确理解来电人的咨询需求，耐心细致服务，较为圆满地解答了来电人问题。

【亮点分析】

需求探索能力较强。咨询员面对复杂业务能够迅速抓住关键点，在第一次需求探索以后，仅用100来字对来电人的描述进行了总结，厘清了问题关键，通过询问“我们没有赠与税这个说法。是不是要缴纳个人所得税、营业税”，以及“那现在您是想通过我们解答什么问题呢”掌握了通话的主动性，引导来电人表明自身诉求。

服务态度良好、用语规范。整通电话中，虽然来电人的叙述冗长，但是咨询员一直坚持耐心服务，细致聆听，不贸然插话。“您好，先生，您稍等一下”“您看，我这样表述您的这个情况”，从开头的引导语、中间的过渡语到结尾的提示语，都体现出咨询员较高的专业素养，最后还温馨提示来电人如有疑义可以申请法律救济，服务细致周到。

政策掌握到位。因继承与赠与的概念不同，两者适用的税收政策也有所不同。咨询员不但对两者的税务处理了如指掌，还能明确界定此财产分割行为的法律性质，即属于女儿的那部分产权给母亲属于继承，但是女婿拥有的那部分产权给老人属于赠与而非继承，对税收政策及其他相关的法律法规掌握都较为熟练。

【工作建议】

作为一名优秀的热线咨询员，除了具备扎实的业务基础，还要有热情的服务态度、娴熟的沟通技巧、良好的情绪控制能力和同理心；应认真倾听，关注来电人的情绪变化，必要时先安抚情绪，再处理问题；在通话过程中，要快速抓住来电人的咨询需求，引导其准确描述业务要点，简明扼要、条理清晰地予以解答，不断提升服务质效。

办税流程篇

同一地址可以办理两个税务登记证吗

背景资料

时间：2015年10月1日全面推行“三证合一”登记制度改革之前

来电人类型：企业法定代表人

业务类型：税务登记流程咨询

咨询事项：来电人咨询同一法人代表办理两个税务登记时，能否使用同一地址进行注册

案例关注点：如何解答税法政策尚未明确的问题

基本案情

咨询员：您好，很高兴为您服务。

来电人：您好，不好意思，打扰一会儿。我咨询一个事吧，我现在的话，我是这个，简化式就这一个号。我这一个院7000多平方米，然后，我起照的话，用一个人的法人代表，我起两个照，同时起，行不行，我抬头不一样。

咨询员：您什么意思，就是说，您以一个法人代表的名义。

来电人：嗯。

咨询员：就是用您一个人的名字，是吗？

来电人：对，对，对。

咨询员：然后，然后呢，起两个企业，是吗？

来电人：嗯，对，我起两个企业，对。

咨询员：稍等，您是说工商登记吗？

来电人：不是，工商登记我登记完了。关键是税务这块。嗯，能不能这样？我可以，用同时的话……

咨询员：就是说您做两个不同的企业，然后都是您做法人。

来电人：对，一个地方，对，门牌号码就这一个院。

咨询员：都在一个院里？

来电人：对，对。

咨询员：稍等，请不要挂机。

（保持后电话中断。随后咨询员回复电话）

来电人：喂，您好，不好意思。

咨询员：喂，刚才电话断了。

来电人：我打的电话，不是看您在这查半天的话，我又怕再一个，您吃饭，我又怕影响您吃饭……

咨询员：没有，没有，我们刚才在查找咱们相关文件，这个不是吃饭。跟您解释一下，就说，您刚才想问税务登记的事，是吧？

来电人：对，对。

咨询员：这块我们查了一下税务登记的管理办法，咱们对于纳税人登记的时候有一个要求：纳税人在申报办理税务登记时，应当根据不同情况向税务机关如实提供以下证件：（一）工商营业执照或其他核准执业证件；（二）有关合同、章程、协议书；……

来电人：都有。

咨询员：（三）组织机构统一代码证书；（四）法定代表人或负责人或业主的居民身份证、护照或者其他合法证件。

来电人：嗯，都有。

咨询员：其他需要提供的有关证件、资料，由省、自治区、直辖市税务机关确定。然后咱们税务登记证件的主要内容包括：纳税人名称、税务登记代码、法定代表人或负责人、生产经营地址、登记类型……

来电人：那我现在就问您吧，它现在目前问题产生在哪，知道吗？纠结在他说你这同一个院一个号不行，必须得不同的地点。后来我查了下工商那块，工商那起照的时候，人家给我调出档案来了，人家好比说，这一个B室就这一个屋子10号院的，这屋子3个公司都是一个法人，你知道吗？我也咨询过了。回来到咱这税务登记这块，他说呢，你那个地点，不能写同一个地点。我觉得这个没有道理，因为呢，都问过了，咨询过了，他说人家这个绝对没有问题，你知道吗？

咨询员：嗯，这块的话，根据咱们税务登记上的话，只是说让您如实提供咱们税务登记的相应证件。

来电人：都提供，都没有问题，你知道吗？我都提供了。我已经起了一个照了。您明白我说这意思吗？他现在就是呢，他非跟我说，就是说你这个房屋的房本啊，你是同一个号不行，我觉得这个没有道理，你知道吗？因为这是房管局，房管局都没有权力改我这房的门牌号码，对吧。我说同一号码的话，谁都改变不了它这个，不是咱改变的事。你说税务那登记的话，说白了你这个不能写同一个号码，我觉得这就不对了。

咨询员：这块是您的主管税务所说的，是吗？

来电人：对，对。

咨询员：哪个所？

来电人：您先甭哪个，就先问问您，我这合理不合理，要不合理我就不找人家。我这要合理的话……

咨询员：这块的话，只是说我刚才给您念的咱们那个《税务登记管理办法》，您也可以到网上去找一下这个文号，是国家税务总局令第 7 号。您可以……

来电人：是我找的，我就，为什么我先打电话咨询您这个问题呢，因为你们负责登记税务登记这块，你知道吗？税务登记的话……

咨询员：这块的话，咱们刚才就是我给您念的那个文件是对咱们税务登记这块的相关要求，并没有对……

来电人：是。

咨询员：有其他明确的解释，就是说咱文件上就是写着您如实提供您相关的税务登记的资料就可以。

来电人：我都提供了，我现在目前我都明白，我都提供了，现在到你们那登记，他就说不行。

咨询员：对这个……

来电人：就不明白……

咨询员：您说一下您是哪个区的企业，我给您提供一个咱们主管税务机关的征管科的联系方式，您可以向征管科去咨询一下。

来电人：征管科，我是西区。

咨询员：西区，是吧？

来电人：对。

咨询员：西区征管科那是 XXXXXXXX。

来电人：等一会，我记一下，再一个我咨询一下，你说打到西区那去好不好？咱说句实话，因为这个问题的话……

咨询员：这个不是好不好，因为咱们这个您税务登记的话，确实您如果在西区经营的话，您的主管税务机关就是西区国税，这个的话，您在登记中还有企业日常经营管理中的审批还有管理都是由咱们西区国税来管理的，我们12366这边可以给您提供政策的依据，但是我们对您企业是没有直接管辖的权力的。

来电人：不是，我就，不让你们管，我就是呢，我咨询问问我这种情况的话，合理不合理，合法不合法，我主要是找这个证据，如果在文件上……

咨询员：这块情况我刚才给您念过了，咱们《税务登记管理办法》里面并没有对您这种情况做出直接明确的文件依据，只是说，像我刚才给您念的那个文件，只是说要求您如实提供咱们税务登记的相关资料，如果要是有相关依据，我肯定会给您念出来的。但是刚才我找了并没有这个相关对于您这个这么明细的这种情况做出的文件规定。

来电人：这个也不明细，这个要求挺简单，因为这你们所要求的文件我们也都具备了，就是关键他现在纠结在哪儿呢，说的你同一个门牌号码不行，我觉得他说的没有道理，你知道吗？我现在就为了求证这个问题，你知道吗，我没有别的要求，我现在就想求证到这样可行，就是您能答应说没问题，我这全合法的。那我……

咨询员：这块呢，我给您解释一下，就是说您实际企业的经营情况，还有您的经营地址我们是看不到的，我们12366这边能做的就是帮您找文件依据，这块就是这点行还是不行我们也没办法给您做出一个明确地表示。

来电人：哦。

咨询员：给您提供这个文件依据，您可以看一下，然后我给您提供征管科那联系方式的意思就是说，您可以先在网上看一下咱们那个《税务登记管理办法》，然后……

来电人：你这样吧，你告诉我一下，我再咨询一下。如果不行的话，我就只能走投诉了，你知道吗，因为我估计纳税的话，我这起照他不让我起啊，他难为我这等于，你知道吗？因为我，他们自己人说这没问题，应该可以到他那登记。他就说不行，你拿出个依据出来，他还没依据，他说不行。

咨询员：我给您提供这个文件也只是说让您去看一下咱们文件的相关规定，您再跟咱们主管税务机关进行沟通的时候也有相关的这个共同的这些文件可以参考。您记下这个文件吧，咱们《税务登记管理办法》是国家税务总局令第36号。

来电人：多少？

咨询员：国家税务总局令第36号。

来电人：第36号，是吗？

咨询员：对，国家税务总局令第36号。

来电人：国家，第36号，我就记第36号完了。然后对吧，然后的话您说找西区那个税务登记的哪个电话？

咨询员：征收管理科是XXXXXXXX。

来电人：XXXXXXXX，是吗？

咨询员：对。

来电人：那我，我将来投诉也打你这个电话吗？将来要投诉。

咨询员：喂，您什么情况？您是想投诉是吗？

来电人：不是，我将来如果再问问，如果我再进行跟他沟通一下，如果不行的话。

咨询员：如果您有不满意或是有投诉是可以给我们12366来电的。

来电人：唉，如果不行我就只能走投诉这条路了。你知道吗？好吗？

咨询员：好的，如果有什么意思或建议的话是可以给我们12366来电的，好吗？

来电人：好，谢谢你啊。再见。

咨询员：那您还有其他问题吗？

来电人：先暂时没有了，我就再问问这个情况，如果西区解答这个问题的话，如果说他还解释不清的话，那我就得问问你们到底是干什么的了，对吗？我们纳税人的话，规规矩矩纳税，养着你们。说这话，你给我们这样办事，你拿着不是当理说，叫我们还活不活，对不对……

咨询员：这块的话，您可以跟咱们西区的征管科来沟通一下。沟通一下意见，就是说您的看法是什么样的，然后咨询一下咱们主管税务机关的看法，以及咱们主管税务机关的判定依据。如果您要是对此不满意的话想投诉的话，是可以给我们12366来电的，好吗？

来电人：好，谢谢。再见。

咨询员：感谢您来电，再见。

分析与建议

本案例咨询员没能及时理解来电人实际需求，答非所问，导致通话时间过长，从挂机前来电人的表述可以看出，咨询员未能解决来电人的问题。

【问题分析】

需求探索不够。在咨询过程中，来电人词汇不多、语句啰唆，如：“我是这个，简化式就这一个号。我这一个院7000多平方米，然后，我起照的话，用一个人的法人代表，我起两个照，同时起，行不行，我抬头不一样。”“回来到咱这税务登记这块，他说呢，你那个地点，不能写同一个地点。我觉得这个没有道理，因为呢，都问过了，咨询过了，他说人家这个绝对没有问题，你知道吗？”在这样繁复又不清晰的表述中，咨询员从一开始就不能抓住来电人的问题要点，以至于问答双方各说各话——来电人要咨询地址问题，咨询员则坚持以办税所需资料来回应。可见，咨询员倾听不够，不能从来电人的只言片语中分析并把握其真实意图；对于相关政策规定认识也不明确，工作效率比较低。

服务用语不规范。咨询员在用语方面存在以下几个问题：一是使用了“您什么意思”“喂，刚才电话断了”“喂，您什么情况？您是想投诉是吗”等服务忌语；二是要求来电人在线等待时未使用规范的服务用语，只是简单地说：“稍等，请不要挂机。”让来电人产生了怕影响咨询员“吃饭”的误会而挂断电话；三是在通话过程中多次打断来电人说话，没有给来电人应有的尊重。

用语策略不恰当。税法并未明确表述同一法定代表人不能在同一地址办两个企业，面对这一“无解”的问题，咨询员在知识库中没能找到相关答案，最后表示“您的主管税务机关就是西区国税，……我们12366这边可以给您提供政策的依据，但是我们对您企业是没有直接管辖的权力的”，将问题推向来电人的主管税务机关，这样给来电人留下推卸责任的印象，表现出咨询员心态上的不自信和沟通技巧的不成熟。

【工作建议】

抓住关键点进行需求探索。这是一个不可忽视的工作细节，用语言控制场面是一种能力的表现。面对思路不清晰的来电人，咨询员应该使用适时提问或者复述、追问等方法，透过现象看本质，归纳并捕捉来电人的真实意图，查询知识库后，给予针对性的回答。尤其是当来电人语言表达烦琐时，咨询员应随时记录下关键信息，以避免重复提问，保证需求探索的质量。

使用规范用语。咨询员应加强纳税服务热线规范用语的学习和训练，养成良好的职业习惯。如在请来电人在线等待时，使用“这个问题我需要查询（核实）一下，请稍等”“这个问题我还需要再查询（核实）一下，时间可能比较久，请您再等待一下，好吗”等规范用语，避免使用服务忌语或打断来电人说话，使语言表述更加专业和准确。

采用正确的用语策略。面对政策未明确的问题，咨询员不可自作主张地解答，也不能敷衍了事，建议采用以下用语策略：一是经知识库查询，或经后台专家确认后确实无法即时答复，说：“先生/女士，您咨询的问题是……？（将来电人问题概要复述一遍，得到确定后），很抱歉，由于相关的政策还未明确，您咨询的问题我暂时不能给您一个确切的答复，如果出台新政策，我们将及时通过税务网站、办税服务厅等公开渠道进行公告，请您关注”。二是通过转办的形式，向政策、征管部门、基层税务机关进行确认再回复：“不好意思，您咨询的问题我们需要进一步核实，我现在暂时无法回答这个问题，但我们会在核实后尽快与您联系，您看可以吗？”

个人房屋出租代开发票需要提供哪些资料

背景资料

时间： 2016年5月1日全面推开营业税改征增值税试点之前

来电人类型： 自然人

业务类型： 发票代开流程咨询

咨询事项： 来电人要将店面出租给一家单位，咨询到地税机关代开发票时需要提供哪些资料

案例关注点： 如何保持倾听状态准确把握来电人的需求

基本案情

咨询员：您好！地税。

来电人：您好！请问一下个人出租房屋给单位，到地税代开发票，要提供哪些资料？

咨询员：您是说个人的房屋出租给单位，是吗？

来电人：店面。

咨询员：店面，不是住房，是吗？

来电人：对，店面。

咨询员：涉及的税款有营业税及附加，按租金收入的3.36%来计算，房产税按租金收入的4%，还有印花税，按合同总金额的1‰，还有土地使用税，土地使用税的计算是按单位税额乘以占地面积，单位税额是按地段来区分的。就是每个地段对应1平方米多少钱，乘以占地面积来算。

来电人：嗯，嗯，那还有一个问题，就是提供哪些资料？

咨询员：对不起，我还没说完，我先跟您说完吧？

来电人：嗯。

咨询员：还有个税，您看月租金有没有超过4000元？

来电人：没有。没有。

咨询员：4000元以内，个税的计算是用月租金收入，扣掉以上的相关税费，再扣除费用800，乘以10%的税率。

来电人：行，谢谢你，那代开发票要提供一些什么资料？

咨询员：房东个人的身份证复印件，还有，以前有没有开过？

来电人：以前开过。

咨询员：如果之前开过，持你们开过的发票就可以，这个资料就可以精简了。如果没开过，资料会比较多。

来电人：那把没有开过的告诉我们。

咨询员：可以，您记一下，我刚提到的房东身份证复印件、产权证复印件、租赁合同。

来电人：产权证的复印件就好了，是吗？

咨询员：对，还有租赁合同的原件和复印件。

来电人：租赁合同的原件和复印件，要原件吗？

咨询员：原件和复印件都要。

来电人：原件和复印件都要，是吗？

咨询员：对，还要付款方证明。

来电人：付款方证明，那如果我们单位去帮他代开呢？

咨询员：这个是付款单位用 A4 纸，写一个书面说明，载明服务项目、付款时间、付款金额，等等，由付款单位盖章。这些资料双方谁去开都要的。

来电人：载明服务项目、付款时间、付款金额，付给谁，还有呢？

咨询员：就这些，地点在房屋所属的地税分局去开票，您看房屋属于哪个街道，就到对应的地税分局。

来电人：我在南路。

咨询员：您看属于哪个街道，就到对应的分局去开票。

来电人：那我到一分局就可以了。

咨询员：那我给您一分局的电话，您具体核实一下，以避免您多跑一趟，您稍等。

来电人：行，行，谢谢。

咨询员：一分局的电话，您记一下，XXXXXXX。

来电人：XXXXXXX。

咨询员：对，就这个电话。

来电人：谢谢，你回答的太详细了，谢谢，谢谢，很清楚。

咨询员：不客气。

分析与建议

在通话过程中，咨询员做到了态度热情、解答耐心。虽然最终为来电人解答了疑惑，但未能及时把握来电人的咨询要点，导致一开始就答非所问，且答复内容也有部分错误。实际上，双方做了长时间的无效沟通。

【亮点分析】

服务耐心细致。在来电人提出“个人出租房屋给单位，到地税代开发票，要提供哪些资料”时，咨询员答复：“您记一下，我刚提到的房东身份证复印件、产权证复印件、租赁合同……”，即使多次被来电人打断，仍然对其提出的细节问题一一解答，最后还提供了主管税务机关一分局的电话，方便来电人核实确认，从来电人“谢谢，你回答的太详细了，谢谢，谢谢，很清楚”的表达中，可以看出来电人对咨询员的服务态度很满意。由此可见，咨询员具备良好的职业素养。

【问题分析】

需求探索能力不强。在来电人开门见山地询问个人出租房屋代开发票所需提供的资料后，咨询员并没有听清并且理解，一再强调个人房屋出租应缴纳的税款，甚至在纳税人继续追问“那还有一个问题，就是提供哪些资料”时，咨询员仍沉浸在自己的回答中意犹未尽，表示“对不起，我还没说完，我先跟您说完吧”，完全置纳税人的咨询需求于不顾，于是引发了来电人第三次询问：“行，谢谢你，那代开发票要提供一些什么资料？”这样的解惑答疑，不仅延迟了来电人等待解决问题的时间，还容易引发来电人的不耐烦心理。

政策掌握程度不高。一是在来电人明确表示其出租的是店面的情况下，咨询员未能区分住房和非住房在税收缴纳上的差异，按照《财政部　国家税务总局关于廉租住房、经济适用住房和住房租赁有关税收政策的通知》（财税〔2008〕24号）的相关规定进行答复，但此文件并不适用非住房，引用文件错误。二是咨询员对财产租赁所得个人所得税的计算方法不了解，关于适用税率以及允许扣除的费用的答复是错误的。

【工作建议】

认真倾听来电人的需求。建议咨询员在接线时，保持倾听状态，始终关注来电人的需求，切忌先入为主，力争做到围绕来电人提问所涉及的税收知识点设置问题，深入探索，一次性告知。比如，当来电人提出“个人出租房屋给单位，到地税代开发票，要提供哪些资料”时，咨询员就应该问：“您是要问个人出租住房还是非住房，到地税代开发票提供哪些资料，是吗？”得到来电人的确认后，咨询员再给予答复“请您记录一下，房东身份证复印件、产权证复印件、租赁合同……”。

扩充知识储备。咨询员应加强税收业务知识学习，全面而深入地理解文件，为来电人作答不能仅仅停留在文字表面。个人出租非住房应根据《中华人民共和国营业税暂行条例》《中华人民共和国房产税暂行条例》以及《国家税务总局关于印发〈征收个人所得税若干问题的规定〉的通知》(国税发〔1994〕89号)等相关文件进行作答。此外，咨询员应加强逻辑思维训练，答复个人出租房屋代开发票所需资料可以先概括性地告诉纳税人总共包括几条，然后再一一说明，更具条理性。

为什么今天网上办税厅不能登录

背景资料

时间：某纳税申报期最后一天

业务类型：网上办税流程咨询

来电人类型：企业财务人员

咨询事项：来电人在网站报税，发现不能登录和跳转，询问应该如何进行申报

案例关注点：如何解答来电人反馈的系统故障问题

基本案情

咨询员：您好，国税！

来电人：您好，我在网站报税。为什么今天的网站不能登录？

咨询员：显示什么呢？

来电人：显示跳不出来。

咨询员：使用什么浏览器申报的呢？

来电人：我看一下……IE。

咨询员：几点零（版本）的呢？

来电人：几点零，我看一下版本。几点零在哪儿显示呢？

咨询员：您好，您可以在“帮助”的最后一个选项“关于”里面查看一下。

来电人：“帮助”属性里面我看看。哪个里面可以看出来？

咨询员：“帮助”，任务栏上面有一个“帮助”。

来电人：哦，“帮助”。

咨询员：对，最后一个选项“关于 Internet Explorer”。

来电人：8.0。

咨询员： 8.0，是吗？

来电人： 是的。

咨询员： 现在针对您主要是网站打不开这个问题。

来电人： 是的。

咨询员： 现在有几个方案给您选择：①因为您使用的是IE 8.0的浏览器，可能不太稳定，不是很好打开，您可以卸载掉，重新安装IE 6.0的浏览器试一下；②……

来电人： 那如果360的浏览器呢？

咨询员： 360的不可以。第二种方案是，如果您没有办法安装IE6.0的浏览器的话，可以使用其他的电脑申报，因为今天是申报期的最后一天。如果其他电脑也不行的话，建议您这个月先到大厅去申报。

来电人： 显示“无法使你返回到F省国税局网站”。今天国家税务局网站是否有问题呢？

咨询员： 今天网站没有问题，这个是您浏览器的问题。

来电人： 国税网站和地税无关，是吗？

咨询员： 没有关系。

来电人： 6.0的浏览器是可以使用的吗？

咨询员： 6.0的是可以使用的，但是今天已经是申报期的最后一天了，因此，建议您今天先到大厅申报。

来电人： 大厅？问题是地税来不及，办不了，我现在再尝试努力一下，试一下。

咨询员： 如果实在还是不行的话，建议您先用别的电脑申报。

来电人： 对，我用别的电脑先申报。

咨询员： 您可以先用别的电脑申报，因为今天是申报期的最后一天了，时间会比较紧。

来电人： 我知道了，好的，谢谢您。

咨询员： 不客气，感谢您的来电，再见！

来电人： 谢谢您！

咨询员： 不客气。

分析与建议

咨询员对于来电人提出的问题，能快速准确地判断，有效地加以引导，提供了多种解决方案。这是一个服务优质的成功案例。但在用语规范上可作进一步改进。

【亮点分析】

电话指引准确。本案例中，来电人对于网上申报的操作系统设置不熟悉，在申报期的最后一天不能登录网站进行报税，急切的心情可想而知。咨询员耐心引导，指导系统操作，只用了三句话："显示什么呢""使用什么浏览器申报的呢""几点零的（版本）呢"就快速、准确地找到了问题所在，即 IE8.0 的浏览器可能不太稳定，并提出了三个可供选择的方案。

服务主动到位。针对已到申报期限最后一天，但无法完成网上申报的情况，咨询员三次提醒来电人申报时间紧张，很好地履行了提醒义务，其语言表达清晰明了，干净利落。例如，"因为今天是申报期的最后一天。如果其他电脑也不行的话，建议您这个月先到大厅去申报。""但是今天已经是申报期的最后一天了，因此，建议您今天先到大厅申报。""因为今天是申报期的最后一天了，时间会比较紧。"充分显示出这位咨询员能站在来电人的角度换位思考，较好地为来电人解答了问题。

【问题分析】

服务用语不规范。整个沟通过程中，咨询员虽用语简洁，但在"显示什么呢""使用什么浏览器申报的呢""几点零的（版本）呢"等描述没有使用纳税服务热线用语中规定的礼貌用语。

【工作建议】

在通话过程中，咨询员必须使用 12366 纳税服务热线规范用语。如果咨询员使用了规定的礼貌用语，如："请问您使用什么浏览器申报的呢？""请问您使用的是几点零的（版本）呢？"那么双方的沟通与交流就更加流畅，也将使原本心情急切的来电人感受到税务工作人员真诚、温馨、优质的服务。

发票事项篇

可以在发票上加盖新旧两个发票专用章吗

背景资料

时间：《国家税务总局关于发票专用章式样有关问题的公告》（国家税务总局公告 2011 年第 7 号）出台初期

来电人类型：企业财务人员（一般纳税人）

业务类型：发票业务咨询

咨询事项：开票方在新印制发票上盖老发票专用章后，补盖新刻制发票专用章是否可行

案例关注点：如何处理新旧政策过渡期间，来电人对具体操作的疑惑

基本案情

咨询员：您好！这里是国税 12366，请讲。

来电人：你好，我想问一下，我们单位取得的进项税发票上面盖的章有些问题。前一段不是已将发票专用章统一规范了嘛，但对方开具的发票仍然盖的是之前的老的发票专用章，与对方联系后，对方想将该发票要回去，再额外加盖一个新刻制发票专用章，这样是否可以？

咨询员：是这样的，先生，从政策角度来说，您所说的对方这样的补救方式，并没有政策依据。第一，根据《中华人民共和国发票管理办法》的规定，开具发票应当按照规定的时限、顺序、栏目，全部联次一次性如实开具，并加盖发票专用章。虽然文件没有明确规定加盖数量有多少个，但一般情况下，一张发票应加盖一个发票专用章。第二，在国家税务总局公告 2011 年第 7 号文件中，也明确规定了“旧式发票专用章可以使用至 2011 年 12 月 31 日”。也就是从 2012 年开始，就不能再使用旧式发票专用章。那您票面

上加盖新旧两个印章，实际上您的票面上还是有一个政策规定不允许加盖的印章的，所以这种方式，从税收政策规定来说，因为没有政策依据，不建议您这样处理。如果您确实想这样处理，建议您先与主管税务机关联系一下，看主管税务机关是否认可这样的处理方式，避免对方加盖印章后，您的主管税务机关并不认可，有可能会出现这样的情况，规避您的税收风险。

来电人：好的，好的，谢谢啊。

咨询员：请问您还有其他问题需要补充吗？先生。

来电人：没有了。

咨询员：感谢来电，请对本次服务进行评价。

分析与建议

本案例，咨询员以良好的业务技能为基础，言简意赅，迅速为来电人解决了问题，提供了高效、优质的咨询服务，其语言组织能力强，提升了来电人的满意度。

【亮点分析】

熟练掌握政策，分步骤指引来电人解决问题。当来电人提出“对方开具的发票仍然盖的是之前的老的发票专用章，与对方联系后，对方想将该发票要回去，再额外加盖一个新刻制发票专用章，这样是否可以”时，咨询员首先对新发票管理办法中关于发票专用章的规定作了解读；其次针对来电人的问题，指出同一张发票上加盖新旧发票专用章没有明确政策依据，并且提示税收风险；最后建议来电人与主管税务机关联系，进一步明确处理。

答复简明扼要，条理清晰，语言组织能力强。当来电人提出问题后，咨询员迅速了解来电人疑惑所在，掌握了核心问题，采用条文式给予答复“从政策角度来说，您所说的对方这样的补救方式，并没有政策依据的。第一，……；第二，……”，答复过程中运用通俗易懂的语言直入主题，体现了咨询员熟练的业务能力和较强的语言组织能力。

【工作建议】

在政策颁布初期，执行新旧政策过渡期内，来电人对未明确的具体操作细节有疑惑，建议咨询员采用以下方法：一是对政策进行解读，若能在政策中找到对应的具体规定，可指引来电人按照政策规定操作；若不能找到具体规定，可建议致电主管税务机关进一步明确。二是记录工单，递交上级业务部门对相关政策作出明确的解释、说明。

我的发票为什么通不过扫描

背景资料

来电人类型： 企业财务人员

业务类型： 发票业务咨询

咨询事项： 来电人单位开出的机动车销售统一发票，在购车方上牌时扫描通不过，提示“主管税务机关及代码”位数不正确，咨询如何解决

案例关注点： 怎样做到言简意赅有效缩短通话时长

基本案情

咨询员： 您好，106号咨询员为您服务，电话已接通，请讲。

来电人： 喂，你好，我想咨询一下，我们家开的是机动车销售统一发票，其中我开给两个地方，比如说开给A地，还有开给B地的，开机动车票给他们，他们去上购置税，然后上牌照，但是就这两家不行，他们那边都说“主管税务机关及代码”。他们那边是9位数，我们这边是11位数，就是说老过不去，上不了牌照。我能不能请问一下这是什么原因啊？

咨询员： 开具机动车销售统一发票，是哪一个栏次不可以？机动车销售统一发票的哪一个栏次啊？

来电人： 我们不是给顾客开机动车销售统一发票吗？他们去上牌照会拿第三联和第四联去，但是他们去上牌照的时候，那边车管所告诉他开机动车销售统一发票里面有一项“主管税务机关及代码”。

咨询员： 主管税务机关及代码？

来电人： 对，对，对。上面有数字，他们说他们那边只有9位数，我

们这边11位数。

咨询员： 主管税务机关及代码，您开具的应该是您所在的主管税务机关及代码，对吗？

来电人： 对，对，对。

咨询员： 当地跟您相比是相差2位数字，所以对方不认同。

来电人： 对，对。

咨询员： 只要您开具的是正确无误的，对方就有道理来接收这张发票啊。对方是哪两个地方？一个是A地。

来电人： 一个B地。

咨询员： 一个是B地？

来电人： 对，对，对。我们也很奇怪，开给很多其他顾客都可以，只有他们两家。一开始只有A地一家，现在B地也是这种情况。这样搞的话，顾客拿这个发票上不了牌照，这是一个很大的问题。

咨询员： 车辆购置税能不能缴纳？

来电人： 这个我还真不太清楚，我只知道他们上牌照不行，老说扫不过去。

咨询员： 因为上牌照是到车管部门去上牌，如果车辆购置税不能够正常缴纳，那这是税务机关的问题，不能够正常上牌照还是要到车管部门问。您可以跟对方确认一下，是否能够正常地缴纳车购税。

来电人： 如果说可以正常缴纳车购税，那就说明是车管……

咨询员： 车管部门。

来电人： 但是我觉得全省地区应该都是可以的，他们老以那个为借口，一个9位，一个11位，说不行。

咨询员： 是啊，那也是这两个地方的车管部门对这个主管税务机关及代码有异议，其他地方都是没有问题的。所以您先确认一下，如果是车管部门的问题，您还是要跟当地的这两个车管部门来进行沟通。

来电人： 行，行，行。只要购置税没问题，就说明……

咨询员： 对，车购税是在国税机关来缴纳，如果车购税缴纳有问题，您再拨打我们电话，我们再帮您进行协调。

来电人： 行，行，行，谢谢啊。

咨询员： 不客气，感谢来电，请在挂机前对服务进行评价。再见！

XXXX年X月X日10点01分电话回复。

咨询员：您好，请问是彭先生吗？

来电人：哎，对对对，你好。

咨询员：您好，这里是12366呼叫中心，我是106号咨询员。您好，之前您反映的问题我们帮您跟A地和B地这两个地方都已经沟通过了，确实是由于开票地的代码是11位数字，而A地和B地办税服务厅可能认为应当是9位数字，因为系统当中无法认证扫描通过这11位数字，所以呢就不能够缴纳车辆购置税。有一种方式就是把后面的2位数字去掉，也就是11位代码，把后面的2位去掉，这样的话就是可以认证通过的。还有一种方式，就是您可以请……您是开票地的纳税人，对吧？

来电人：对，对。

咨询员：您可以问一下您的主管税务机关，如果是11位代码，之前可能是9位，之前如果是9位代码的话是多少，提供给客户，请他们将之前的9位代码输入进去就可以，也是可以认证通过的。

来电人：我们听说开票方重新发行税控设备就可以，可是重新发行后还是11位数字。

咨询员：还是11位数字？一种方式就是把后面的2位代码去掉。

来电人：就是说我们在开票的时候把后面2位给去掉吗？

咨询员：不，您开票肯定是正常开具，因为您的税务机关代码肯定是11位的，也就是到这两个地方去办理车购税缴纳的时候，把后面的2位代码去掉，这样就可以通过了。

来电人：那怎么去掉呢？去掉是他们那边来去还是我们这边去呢？

咨询员：不是由您来去啊，是由B地和A地这两地税务机关在办税的时候去掉。

来电人：那行。

咨询员：我们已经跟这两个地方的税务部门联系过了，已经把这个情况跟他们做了说明。

来电人：等于说是这样的，我还是像我这样正常开票，还是11位，顾客拿过去，由他们那边帮我们弄，让我们通过，对吗？

咨询员：对，对，对，是的。

来电人：那行。那现在我们开票还是按照你刚跟我讲的这种方法做。

咨询员：对，您开具肯定是正常开具，因为您的代码就是11位数字，本身是没有问题的只不过系统扫描不通过这 11 位代码，它们只认可 9 位，所以把后面 2 位去掉就可以了。因为这种情况他们也遇到过，比如说其他的来电人开具的 11 位代码在缴纳车购税的时候把后面 2 位去掉，这样是可以的。您跟您的客户说明一下这个情况，请他们在缴纳车辆购置税的时候就这样操作。我们也已经跟这两个地方联系过了。

来电人：等于说我每次给顾客，只要票正常开具了拿过去都可以过对吧？都可以缴购置税了？

咨询员：是的。

来电人：好，行，行，行，谢谢。

咨询员：好，不客气，感谢接听，再见！

分析与建议

咨询员提供了细致、周到的咨询服务，虽未在第一时间答复完全，但最终通过回拨方式，基本解决了来电人的问题。

【亮点分析】

服务态度积极。在通话前段，来电人心情是比较焦虑的，咨询员耐心引导："开具机动车销售统一发票，是哪一个栏次不可以""您开具的应该是您所在的主管税务机关及代码，对吗""对方是哪两个地方"循序渐进地了解来电人的情况，并为来电人指引了解决问题的途径。如"您可以跟对方确认一下，是否能够正常地缴纳车购税""如果车购税缴纳有问题，您再拨打我们电话，我们再帮您进行协调"等。

操作流程到位。第一阶段，来电人已经接受了咨询员提供的解决方案，但咨询员仍然抱着对其负责的态度，进一步向税务机关相关部门了解了情况，同时进行了回拨说明，为来电人解燃眉之急，也充分展现了该咨询员服务来电人的职业精神。

【问题分析】

服务用语不够规范。咨询员的语言表达重复啰嗦，如来电人提出："我的机动车发票扫描，为什么老是显示主管税务机关及代码不对？"咨询员询问："开具机动车销售统一发票，是哪一个栏次不可以？机动车销售统一发票的哪一个栏次啊？"当回复电话向来电人反馈税务机关内部沟通协调后的情况时，咨询员先说："之前您反映的问题我们帮您跟 A 地和 B 地这两个地方都已经沟通过了，确实是由于开票地的代码是 11 位数字……您是开票地的纳税人，对吧？”然后又说：“您可以问一下您的主管税务机关，如果是 11 位代码，之前可能是 9 位，之前如果是 9 位代码的话是多少……”等。此外，在电话沟通过程中，咨询员与来电人抢话，如来电人说：“如果说可以正常缴纳车购税，那就说明是车管……”，咨询员不等来电人表述完就急于表达，说：“车管部门。”

【工作建议】

用语要规范。在日常的学习和接线过程中，咨询员需进一步提高语言表达能力，提升沟通技巧，提高通话效率，以使表述更为精炼、利落，为来电人提供更高效、更优质的服务。

一是讲关键信息。咨询员询问：“开具机动车销售统一发票，是哪一个栏次不可以？机动车销售统一发票的哪一个栏次啊？”共用 38 个字，其中关键信息是“开具机动车销售统一发票的哪一个栏次不可以？”只需 21 个字。

二是长话短说。当回复电话向来电人反馈税务机关内部沟通协调后的情况时，咨询员共用 264 个字答复来电人，其中关键信息是：“之前您反映的问题我们跟 A 地和 B 地两个地方都已经沟通过了。有一种方式就是把 11 位数代码后面的 2 位数去掉，这样的话是可以认证通过的；还有一种方式，您可以问一下您的主管税务机关，之前如果是 9 位代码的话，将 9 位数代码提供给客户，客户输入之前的 9 位代码也是可以认证通过的。”只需 131 个字。

另外，应当引起注意的是：本次通话，咨询员两次打断来电人的话。在热线咨询服务中，除特殊情况外，咨询员一般不能随意打断来电人的话。这就要求咨询员学会倾听。

我要查询国税发票信息

背景资料

来电人类型：企业财务人员

业务类型：发票信息查询

咨询事项：因网上发票查询系统无法使用，来电人要求人工查询国税发票开具信息

案例关注点：如何避免不完整表述误导来电人

基本案情

咨询员：您好，有什么可以帮您？

来电人：你好，小姐！我想要查询一张发票。

咨询员：是什么发票？

来电人：B 市国家税务局通用机打发票。

咨询员：您网上查询过吗？

来电人：网上查了之后，点击进去总是“INTERNET 证书错误”，跳不出来。

咨询员：那应该是安全级别过高，那我帮您查一下，代码报一下？

来电人：好的，谢谢。XXXXXXXXXXXXXX。

咨询员：号码？

来电人：XXXXXXXX。

咨询员：纳税人识别号？

来电人：看一下，XXXXXXXXXXXXXXXXXXXXXX。

咨询员：稍等一下。

咨询员：帮您核对一下是哪个店开出来的。

来电人：是 B 市壹建材商行。

咨询员：哦，对的。开票日期呢？

来电人：10 月 12 日。

咨询员：嗯，开票金额？

来电人：金额是 75000 元。

咨询员：75000 元？金额不一致。这是开给谁的？

来电人：开给……

咨询员：购货方名称？

来电人：购货方名称……什么德固，后面看不清，德固什么建筑啊。

咨询员：这个信息也是不一致的，发票信息有问题。

来电人：那个我网上查也查不到的，它开给谁的啦？

咨询员：它开给 ×× 乡的一个公司的。

来电人：我这里网上查怎么查呀？你们这里……

咨询员：网上查的话，如果您进入网站去的话，它的信息和流向分别查一下。

来电人：信息和流向。关键是……我从 B 国税网站进去，然后再点什么啦？

咨询员：再点发票，你可以找一下网上办税。

来电人：点网上办税，是找“发票管理“？

咨询员：这个不是，它有个涉税查询。

来电人：涉税查询我也点进去过了。

咨询员：然后它有一个普通发票信息查询和发票流向查询这两个。

来电人：这两个点进去，它全部跳出来“INTERNET 证书错误”什么。

咨询员：您是用 IE 浏览器吗？

来电人：IE 浏览器。

咨询员：用这个的，是吧。那您把这个网站设为受信任的站点。

来电人：要重新设过，是吧？

咨询员：对啊。我们网站有办税辅导，办税服务下面有办税辅导的，里面有一个设置。

来电人：当时他们开的时候说查过是真的嘛。那他们是怎么查出来的呢？

咨询员：我这里是通过国税发票系统查询的，查到信息是不一致的，查到金额不一样的，购货方也不一样的。那我再和你核对一下，代码是XXXXXXXXXXXXXX，是吗？

来电人：XXXXXXXXXXXXXX，嗯。

咨询员：然后号码是 XXXXXXXX。

来电人：对。

咨询员：那这个就是这样的一个信息了。

来电人：那刚才的一个单位也对的嘛。

咨询员：查询结果就是开票方信息是一致的。就是 B 市壹建材商行。

来电人：嗯，谢谢哦。

咨询员：不用谢，再见。

分析与建议

本案例，咨询员为来电人提供了发票查询服务，并对发票自助查询方法及故障处理进行了指引，基本满足了来电人的查询需求，但是未能为来电人提供可行的后续建议，且在电话即将结束时，其不完整的表述给来电人造成了误导。

【问题分析】

用语不规范。在电话沟通过程中，咨询员很少使用规范的礼貌用语。比如在核对发票信息时，使用的“代码报一下”“号码”“纳税人识别号”等话语显得不礼貌和不规范。

解答不完整。本案例中来电人提到发票票面上购货方名称看不清楚，这种情况实际上已经违背了发票管理办法的相关规定，即该发票是不能作为有效凭证的，咨询员却没有及时履行提醒义务。以“查询结果就是开票方信息是一致的”为结语，没有完整地告知其他不一致信息，存在误导来电人的风险。且未能在此基础上，为来电人提供关于无效发票的后续处理建议，也是责任意识不强的一种表现。

【工作建议】

使用规范用语。尽管在本次电话对话中，“代码”“号码”“识别号”等词语虽没有造成咨询员与来电人的沟通障碍，但是规范的电话咨询服务仍然要求咨询员做如下的表达：“请报发票代码，谢谢！”“请报发票号码，谢谢！”“请报纳税人识别号，谢谢！”并使用“您好”“请问”等礼貌用语。

传递完整信息。该案例中咨询员应该首先提供文件依据，将发票查询的完整结果明确、清晰地告知来电人；后续再为来电人提供解决建议，如到税务机关做进一步核实，若核实确认为无效发票，可联系发票开具方重新开具发票。

权益维护篇

纳税服务投诉类

为什么不能好好说话

背景资料

来电人类型： 企业财务人员

业务类型： 服务态度投诉

投诉事项： 来电人先咨询了发票丢失后如何办理抵扣的业务，随后投诉了办税服务厅发票岗工作人员不认真解答、说话方式不礼貌、服务态度很差的问题

案例关注点： 如何通过有效提问引导来电人提供投诉要件

基本案情

咨询员： 您好！请问有什么可以帮您？

来电人： 你好，老师，我想问一下，我们是购买方，但是发票的抵扣联和发票联都遗失了，像这种遗失之后，我去税务局办理抵扣的时候，我除了填抵扣联认证通知单，还需要带些什么资料？

咨询员： 先生，您说的是您是购买方，您丢失了专用发票的抵扣联和发票联，是吗？

来电人： 嗯，是的。

咨询员： 在丢失之前认证了吗？

来电人： 没有。

咨询员： 好的，根据国家税务总局公告 2014 年第 19 号第三条规定：“一般纳税人丢失已开具专用发票的发票联和抵扣联，……如果丢失前未认证

的，购买方凭销售方提供的相应专用发票记账联复印件进行认证，认证相符的可凭专用发票记账联复印件及销售方主管税务机关出具的《证明单》，作为增值税进项税额的抵扣凭证。专用发票记账联复印件和《证明单》留存备查。”

来电人：但是我今天去税务局办理这个事情的时候，他好像说的流程和需要的资料有点不一样。

咨询员：先生，我们告知您的是国家税务总局公告2014年第19号第三条的相关规定。

来电人：那好吧，谢谢。

咨询员：嗯，不客气，请问您是哪个区的呢?

来电人：老师，我想问一下投诉意见，应该打你们哪个热线呢?

咨询员：请问您是需要投诉什么问题呢?

来电人：是这样，因为我拨你们的投诉热线4号键，一直在忙。

咨询员：我们4号键目前暂时还没有开通，有什么问题可以帮您的?您可以跟我讲一下。

来电人：就是北区国税专门办理发票遗失的窗口，是一位女同志，态度非常不好，每次我们这些办税人员去问她的时候，第一态度不好，第二是问她需要什么资料的时候，如果是资料不齐的情况，她都不怎么说。

咨询员：好的，您说的是北区发票遗失岗的工作人员，对吗?

来电人：嗯，我不知道她具体是负责哪方面的，反正好像是X号。

咨询员：请问这个窗口具体是几号窗口呢?

来电人：好像是X号窗口。

咨询员：是一个女性工作人员，在服务态度上面不太好，是吗?

来电人：嗯，对，每次我们这些办税人员去办税的时候，她说话的方式以及态度好像是在吼纳税人一样。问她需要什么资料，有时我们没听清楚，再问她一遍的时候，她好像就非常冒火，态度也不好。然后我们问她，就是办这些事情需要什么资料的时候，有的时候她就不怎么说。

咨询员：就是问她需要什么资料，她也不太愿意告知您，是吗?

来电人：对啊，我感觉这些办税人员就是问她要什么资料的时候，要不让我们看涉税通知，其实我们看了也看不明白，并且上面也没明确说需要什么资料，它只是说它的这些东西是如何分配的。比如通知单一式三份，其中哪一份是给谁的，这样根本就看不清楚。我们看不清楚的时候就问她，问她几遍她还是不作回答，或者是不跟我们明确地说。这样就造成了我们多跑了几次，因为我们认为不需要什么资料了，结果拿去不对又要跑一次，然后又说又不对就还要跑一次。

咨询员： 好的，先生，您说的问题我已经记录下来了，请问您贵姓呢？

来电人： 贵姓？这个可以不说吗？

咨询员： 嗯，可以的。只是我们需要做一个记录，以便稍后有工作人员会联系您。

来电人： 这个可以不说吗？

咨询员： 可以的，然后 XXXXXXXXXXX 这个电话能够联系到您吗？

来电人： 能够。

咨询员： 好的，那请问您还有其他问题吗？先生。

来电人： 现在没有了，谢谢啊！

咨询员： 不客气，感谢您的来电，请在稍后的语音提示中为我的服务评分，再见！

分析与建议

本案例中，该咨询员在耐心解答来电人的政策疑问之余，细心聆听，用简洁的语言快速掌握了事实，有效地安抚了来电人的不良情绪，是一个较为成功的沟通案例。但在细节处理上还可以进一步提升和完善。

【亮点分析】

政策娴熟，应对得当。该咨询员业务能力强，能迅速找到切入点，有针对性地进行回答，并提供了政策依据，既回避了基层单位与 12366 解答不一致的矛盾，也强调了 12366 的回答是有政策依据的。针对投诉，该咨询员也能迅速抓住被投诉人信息、投诉事由等基本要素，适时复述投诉内容进行信息确认，提高投诉记录的准确性。

语言简练准确。咨询员的表述精炼不拖沓，没有任何多余的话语，给人以十分专业的印象。如“好的，您说的是北区发票遗失岗的工作人员，对吗”“是一个女性工作人员，在服务态度上面不太好，是吗”等，引导来电人尽量提供更多的详细信息。

【工作建议】

本咨询员的应对在有些地方略显简单，适当进行一些解释是有必要的。

比如，当来电人表示不愿意提供姓名时，咨询员可以向来电人解释：“根据投诉管理办法，我们也可以受理匿名投诉，但投诉的事实要清楚、理由要充分，有明确的被投诉人。为了方便核实和反馈，我们需要留下您的有效联系方式。”需要注意的是，针对不同类型的来电人，应采取不同的应对策略。如果是比较理智的来电人，可以采取简洁的语言；如果带着不良情绪的来电人，语言太简单就会给人一种缺乏耐心的感觉，应该增加一些善意的解释和关心的话语。

为什么一个工作人员生病就让我来回跑

背景资料

来电人类型：自然人

业务类型：服务态度投诉

投诉事项：来电人在工作时间至税务机关办理发票兑奖业务，因相关工作人员生病缺岗，导致来电人当天无法兑奖，因此投诉税务机关工作人员态度问题

案例关注点：如何处理情绪激动的来电人投诉

基本案情

咨询员：您好，实习生为您服务，请讲。

来电人：你好，咱税务机关是九点上班吧？

咨询员：对。

来电人：我八点来到税务机关，等了半个小时工作人员才上班。他们告诉我兑奖工作人员不在，让我明天过来。我就兑几十块钱的奖，让我来回地跑，你们税务所干嘛的，你说你们应该吗？

咨询员：先生，您先别激动。您兑奖可以到任何区县级的税务机关兑奖。

来电人：我已经到税务机关来了，就几十块钱你让我来回跑。你们正常上班时间不上班，那你们把门关了，别办理业务了。你们是政府机关，是办事的。人不在，你们没有交班的吗？我就兑几十块钱的奖，还让我来回的跑。

咨询员：您好，那您有没有问清楚具体原因呢？为什么没有工作人员？

来电人：你们上不上班跟我没关系，你帮我把我的事情先办理了，我就兑几十块钱的奖，你让我来回跑。你说哪个单位有这种事情，人不在你要移交工作的呀。

咨询员：这个按照规定是要给您兑奖的，那您现在是要投诉吗？

来电人：我肯定要投诉。

咨询员：先生，那您看一下所里正在上班的工作人员，能不能给您先办理？

来电人：其他工作人员说人不在，因为生病了，明天才能过来，让我理解，有什么可理解的？

咨询员：那您看您能不能到其他税务机关去兑奖？

来电人：你说我有病呀，为了几十块钱，我来回跑，不够油钱的。你既然不办理，发票上就别写这种兑奖方式。

咨询员：您好，除了这种现金兑奖方式，我们建议您还可以……

来电人：我就要投诉这个税务机关今天为啥不给我办事。一句话就把我的事情推了。

咨询员：好的，工作人员让您明天过去兑奖吗？

来电人：是，一句话就把我的事情推了。

咨询员：好的，您稍等一下。

咨询员：先生，不好意思让您久等了。您能不能留下您的联系方式，我们跟这个税务机关沟通一下，看能不能协商解决这件事情。

来电人：不是协商的事情，是他们态度的问题，正常上班时间人不在。你要不是正常上班时间，我还不去呢。

咨询员：先生，您先别激动。我们先联系一下这个税务机关，了解一下具体情况，再给您兑奖。

来电人：我要对他的工作态度投诉，这钱都可以不要，我不在乎。我就要投诉，让他们对这件事情道歉。

咨询员：那您现在就是要投诉这个税务机关吗？

来电人：是。

咨询员：好的，那您稍等，我做一个记录。

咨询员：您好先生，让您久等了，您是要投诉哪个税务机关？

来电人：W 分局。

咨询员：W 分局发票管理所，是吗？

来电人：是的。

咨询员：您是兑奖多少金额，工作人员怎么讲的？

来电人：他们说人不在，人请假了，明天再来。

咨询员：是负责兑奖的工作人员吗？

来电人：对。

咨询员：您是今天兑奖的吗？

来电人：对，我刚刚从那里出来。

咨询员：请您讲述一下当时的情况？

来电人：我怎么知道是谁，我又不认识那个人。

咨询员：具体情况是怎样的？

来电人：我现在就问他为什么不给兑奖？我估计告诉我人不在的那个人还是一个领导，是个男的，穿黑色 T 恤。

咨询员：您要兑多少现金呢？

来电人：只有五十元，所以我不愿意来回跑。

咨询员：好的，您的联系方式是 XXXXXXXXXXX 吗？

来电人：对。

咨询员：那您是实名举报，还是匿名举报？

来电人：我的这个钱都可以不要，但是你们工作人员不能这种态度。

咨询员：好的，先生您贵姓？

来电人：免贵姓王。

咨询员：先生，那您的举报我已经受理，会及时将举报转到分局来处理。如果有什么事情，税务机关会及时和您联系。

来电人：好。

咨询员：欢迎您再次拨打，再见。

分析与建议

本案例，咨询员作为实习生，面对有情绪的来电人时，缺少应对经验和沟通技巧，不能在沟通中有效缓和来电人情绪，化解矛盾，不敢受理投诉，只能保持良好的服务态度，虽然最后也受理了来电人的投诉，但是未能起到积极的效果。

【问题分析】

未直接受理投诉。案例中这位咨询员是实习生，没有基层的工作经验，面对来电人愤怒的情绪和指责，没能保持良好的心态，不敢正面受理投诉，于是就想大事化小，回避问题核心，只提供一些间接的解决方案。比如，“那您看您能不能到其他税务机关去兑奖？”“您好，除了这种现金兑奖方式，我们建议您还可以……”

没有妥善处理情绪。这方面，不仅是实习生，许多咨询员都存在经验不足、语言苍白、效果不好的问题。比如，“先生，您先别激动”这句话的使用就不会有什么实际效果，除了上面这句话也找不到其他安抚情绪的语言了。当来电人情绪激动时，不容易听进理性化的建议。当咨询员用同理心，站在对方的立场说话，产生了共鸣，就容易缓解情绪，达到有效沟通。

【工作建议】

根据本案来电人的描述，造成无法兑奖的原因是发票岗工作人员因病请假，且没有相应人员临时接替这一岗位，暴露了税务机关内部管理的问题。如果当时接待纳税人的工作人员耐心解释，真诚道歉，或者将此事上报领导，临时安排人员办理业务，也许纳税人会体谅。基层税务机关应该严格落实AB岗制度，防止因某工作人员的缺岗，导致该办的事项缓办、即办的事项延误，确保税务工作岗位全能服务、有效服务。

面对这种来电人，咨询员要学会换位思考，了解来电人投诉的原由，认识到来电人是希望得到尊重和理解，并解决问题。咨询员应该认识到，这种投诉对税务机关完善工作机制提高服务质效有积极作用。首先不要尝试为税务人员辩护，而是应该认真倾听，了解情况，做好记录，并表示愿意帮助他，税务机关会认真调查处理。

在处理情绪的方法上，咨询员先对来电人的遭遇表示歉意，比如，“对不起，让您受委屈了”“不管因为什么原因，结果是让您没办成业务，我先向您道个歉，对不起，请您谅解”之类的话，平复来电人的情绪。然后，用富有同理心的话语来沟通，提出一些解决方案。比如，“您要着急的话，先就近去 XXX 办理业务”“您说的情况，我们很重视，我们一定督促他们改进工作，欢迎您的监督”，等等。经验是慢慢积累的，只要把握好原则，努力实践，就会有所收获。

为什么没到下班时间就不办业务了

背景资料

来电人类型：企业财务人员

业务类型：服务质效投诉

投诉事项：来电人先向 12366 咨询税务局的下班时间，随后质疑某办税服务厅提前下班，不办业务

案例关注点：如何抓住问题核心，有效提供解决方案

基本案情

咨询员：您好！

来电人：您好！我想咨询一下，咱们国税那个办公时间是下午几点下班啊？

咨询员：朝九晚五。

来电人：嗯？

咨询员：朝九晚五。

来电人：5 点对吗？

咨询员：对。

来电人：那现在没到 5 点，为什么下班了？

咨询员：您是说办税大厅，还是哪儿呢？

来电人：办税大厅。

咨询员： 哪个办税大厅？

来电人： L区办税大厅。提前了20分钟。我只是告诉你一下，提前了20分钟哦！

咨询员： 是这样，我想跟您解释一下。

来电人： 让他改一下，他要是不改的话，咱们以后再说！

咨询员： 您现在是要投诉，是吗？投诉的话，我可以帮您受理。

来电人： 我不想投诉，我只是想提醒你一下。

咨询员： 这个您提醒我没有用。因为我们是省局12366，我们不能直接联系L区，但您如果需要投诉我可以受理，流转至主管部门进行处理。您仅仅提醒我是没有用的！

来电人： 那你帮我提醒一下他！

咨询员： 这个我只能给您走投诉工单，没有提醒这个选项。

来电人： 可以嘛！可以！

咨询员： 您是今天下午大概几点呢？4点多少到大厅？

来电人： 4点不到40吧，4点40。

咨询员： 4点40，是吧？

来电人： 嗯。

咨询员： 到L区国税办税大厅，是吗？

来电人： 是的。

咨询员： 您稍等！

咨询员： 这个地址是不是在Y路南2号这块？

来电人： 应该是这里。

咨询员： 他们是已经关了大门了，是吗？

来电人： 没有关大门，我们反正是先后进去了几个来办税的群众，他都说“不办了！”

咨询员： 不办了？您是办理什么业务的呢？

来电人： 代开发票。

咨询员： 代开发票，是吧？我给您解释下，代开发票窗口可能比较特殊。因为每天下午工作人员都需要将当天所代开发票的税额与银行对账入库，而银行是5点下班，所以可能到下午4点30分的时候就无法代开发票了。

来电人： 嗯，是这样啊。那算了吧，再见！

咨询员： 感谢您的来电，请您挂机前评价我的服务，再见！

分析与建议

本案例中，咨询员面对来电人的提问，未能迅速掌握来电人意图，来电人本想提醒税务机关改善工作，咨询员却变相引导其投诉，无效应答较多，虽然最后了解真实情况后，通过解释化解了征纳矛盾，但是解释所用的理由是未经核实的，存在一定的风险。

【问题分析】

沟通理解能力不强。不能迅速理解来电人本意，通话前半部分基本属于无效沟通，回答用词不严谨。对来电人咨询下班时间的问题，咨询员没有充分了解情况（不同地区、不同部门的作息时间不尽相同），就仓促回答“朝九晚五”。在来电人对“朝九晚五”表示疑惑时，又没有对“朝九晚五”进行解释，而是重复强调。同时，咨询员先回答“朝九晚五”，再询问是否办税服务厅，又确认办税服务厅地址，然后才确认办税服务厅是否关门的细节，本末倒置，浪费了通话双方的时间。

语言表达不妥当。在来电人表示不想投诉，只是“提醒”税务机关应该改进工作作风后，咨询员却回复“这个您提醒我没有用”“您仅仅提醒我是没有用的”，未能站在税务机关整体角度考虑问题，有推诿塞责的嫌疑，很可能加剧来电人的不满，将矛盾转移到 12366 热线上。

被动应对缺乏策略。咨询员前期对来电人的诉求没能给出有效的解决方案，说“这个我只能给您走投诉工单，没有提醒这个选项”，有变相引导来电人投诉的倾向，应对被动，缺乏主动思维，解决方法单一，没有及时了解事件发生的原委，没有及时给出合理解释。

【工作建议】

在回答下班时间问题上，建议咨询员先了解清楚来电人所说的是哪个地区哪个部门，再回答具体时间。同时，提出“您有什么需要，我可以帮您吗”，挖掘来电人的确切诉求。

根据《12366 热线基本工作流程和作业标准（试行）》，12366 热线应对意见建议进行归集整理，及时反馈至相关单位。因此，对于没有明确投诉要求的来电事项，我们可以当作意见建议处理：“谢谢您对我们工作的监督，我已经将您所反映的情况全部记录下来了，我会将您的意见建议及时反馈到相关部门的。”

一般情况下，通过解释可以取得纳税人理解，但也有纳税人不能认同的情况，因此，针对不同的来电人，我们应该采取不同的应对策略，事前准备几种解决方案。比如，通过沟通解释，舒缓情绪，争取其理解，化解矛盾；给主管税务机关反馈，建议在办税服务厅张贴公告，或提前向纳税人告知，提醒其在有效时间内办理业务；转办工单，调查核实真实情况，及时整改落实。

这是企业的错，还是税务局的错

背景资料

来电人类型：企业财务人员

业务类型：服务质效投诉

投诉事项：来电人投诉在办理发票申请业务时，遇税收管理员岗位调整，导致发票申请受阻，多次与税收管理员沟通无果

案例关注点：如何在获取必要信息后适时结束对话，以提高服务效率

基本案情

咨询员：您好，请问有什么可以帮您？

来电人：喂，你好。我想投诉三分局的Q先生。我是货运代理企业，营改增的企业。之前我申请发票的时候，管理员是Z小姐。她说我申请的发票多了，而且又没有申请千位发票，我需要重新递交一份申请。后来我又重新递交了一次，然后Z小姐告诉我现在的管理员变更为Q先生，也把电话号码给我了，叫我跟Q先生联系。之后我打电话给Q先生，说清楚了我企业的名称和识别号，问他是否是我企业的管理员。他说“是，没错”。我就跟他说我的申请已经重新递交了，结果他说，看到了，已经受理了，跟我

说需要看场地。然后昨天就约好了，到我们公司看场地。结果今天他打电话给我说他搞错了，他不是我们的管理员，然后又要我们再递交一次发票申请。我说，既然你不是我们的管理员，我把公司名称和识别号都报给你了，而且地址给你了，你也去了。为什么当时你不是我们的管理员，你又去呢？看场地之后，你又跟我们说搞错了，你不是我的管理员，那不是糊弄我们纳税人吗？我们该做的工作已经做了，我们的工作也没有出现差错，然后Q先生跟我说是我们搞错了，说我们的申请表填错了。我看了我的申请表，只是填写了纳税人识别号、企业名称、购票员名称和法人代表，没有丝毫说要盖公章，没有丝毫说要给谁，他说是我们搞错了，然后其他人说可以打12366投诉。我就试一下，这个工作是企业的错，还是税务局的错？

咨询员：女士，不好意思，可能是他们交接上出现工作失误的情况，我这里先跟女士说一句“不好意思”。现在他们已经确认女士的管理员是谁吗？

来电人：我问他了，我们现在的管理员到底是谁？他说不知道。然后我就跟他说，究竟是什么态度？我们纳税人不跟管理员打交道，跟谁打交道？之前是Z小姐确认了我递交申请，之后是Q先生，也看了场地，你不是管辖的管理员，你看什么场地，我们还隆重地招待他，还要我们开车去接他。

咨询员：嗯，那么现在女士确认是要投诉这个Q先生吗？

来电人：是的，我觉得他作为一个国家的公务员，你是为纳税人服务的，而且我们每年交那么多税。我们没有任何的错啊，我们是按照国家的法律法规做事的。怎么能这样对待纳税人呢？你说你不是我们管理员，我们昨天隆重地招待他，账本、账册都给他看。现在我打电话给他，他就搪塞，一问三不知，我说我们的管理员究竟是谁啊？他说他不知道，还说不管怎样我们都要重新递交申请。我说我已经递交了两次了，我不知道管理员，然后没完没了，我们等着开发票啊，你说是吧？

咨询员：女士，我也了解了您的情况。我也比较理解您的情绪。现在您确认是要投诉这个Q先生的话，我们需要留下您的联系方式和企业名称。

来电人：可以。

咨询员：请报您的公司名称全称是什么？

来电人：XXXXXX代理有限公司。需要报我们的国税识别号吗？

咨询员：请报。

来电人：XXXXXXXXXXXX。

咨询员：请问女士贵姓。

来电人：我姓陈。

咨询员：那我重复一下刚才您反映的情况：您现在要投诉三分局的管理员 Q 先生……

来电人：我知道他的电话，你要不要记一下？

咨询员：他的电话是多少呢？

来电人：XXXXXXXX。我觉得这纯粹是他的工作失误，给我们带来这么大麻烦，我们跑一趟税务局，要好几个小时。

咨询员：是的，其实也挺远的。

来电人：是挺远的，所以我们就很烦嘛。你说我们互相体谅，大家都有工作失误的时候，你不可能这样忽悠人吧？看场地了，你又跟我说你不是我们的管理员。听声音，好像是特别年轻的管理员，我怀疑他适不适合在税务局工作。这样以后不知道还会给多少纳税人带来麻烦呢。

咨询员：嗯，那好。我现在重复一下您刚才所说的情况。您现在要申请发票的千位，是吧？

来电人：对，我是申请发票的千位和万位。千位是 Z 小姐答应我的，说我们可以申请，千位 15 份，万位 15 份。递交之后，就跟我们说到了 Q 先生那里了。你说这是他们谁的错？我真搞不懂。

咨询员：对的，我也理解您的心情。

来电人：他的意思是我们还要递交一次申请，我们递交申请的时候没有说是给哪个分局的，发票只是递交给前台受理。

咨询员：是的，是按照工作分派的。

来电人：这个是内部的问题嘛。

咨询员：没错。

来电人：我们有必要再递交一次吗？是吗？

咨询员：那好的，您的情况我也了解了，我这边也会根据您反映的情况做一份投诉工单，给分局处理，然后会在 7 个工作日内跟您联系，确认情况和处理的反馈，请您注意来电。我们也会在 7 个工作日后跟您做回访，处理的情况怎样，好吗？

来电人：好的，谢谢你啊。

咨询员：不客气，请问您还有其他事情要反映吗？

来电人：没有，谢谢。

咨询员：不客气，请对我的服务进行评价。再见。

分析与建议

本案例，咨询员能站在来电人的立场，对其遭遇表示理解，运用良好的沟通技巧和规范的服务用语，较好地处理了该起针对税务机关工作人员的投诉。

【亮点分析】

富有同理心。来电人在办理发票申请业务时，刚好遇到税收管理员之间调整岗位，双方在沟通协调方面出现误会，导致来电人发票申请受阻，影响到日常工作。咨询员经验丰富、表现可圈可点。面对来电人激动的情绪，不乱方寸，站在客观的立场冷静面对，较好地把握了沟通中的几个环节。首先，向来电人道歉，平息怒气；其次，站在对方的角度，理解对方的心情，让来电人感到安慰；再次，为来电人考虑，“路远，跑税务局不容易”，认同来电人的某些看法，拉近了彼此的距离。最后，很周到地告知投诉处理的回复期限，使来电人感到满意。

耐心倾听，答复规范。电话一接通，来电人就用了约 3 分钟的时间来诉说自己的遭遇。其间咨询员只是耐心地倾听并未打断来电人。之后，咨询员按照服务投诉流程受理投诉，几乎没有多余的话语。咨询员受理投诉时表示“我们需要留下您的联系方式和企业名称”“请问女士贵姓”“那好的，您的情况我也了解了，我这边也会根据您反映的情况做一份投诉工单，给分局处理，然后会在 7 个工作日内跟您联系，确认情况和处理的反馈，请您注意来电。我们也会在 7 个工作日后跟您做回访，处理的情况怎样，好吗”等。

【问题分析】

有效引导欠缺。来电人电话刚接通，就明确表达了来电意图“想投诉三分局的 Q 先生”。厘清了整个事件后，咨询员仍与对方反复确认“那么现在女士确认是要投诉这个 Q 先生吗”“现在您确认是要投诉这个 Q 先生的话”“您现在要投诉三分局的管理员 Q 先生……”反复确认并不能有效化解矛盾、使来电人撤销投诉，反而增加了通话时长，实无必要。在详细记录了投诉信息后，咨询员没有把握住结束通话的时机，导致该通电话后半部分稍显拖沓。

【工作建议】

面对来电人明确表示投诉税务机关人员，咨询员不要过于死板，适时把握实际情况，无需进行反复确认，只要在事情尚未调查清楚前保持客观公正的态度，避免矛盾激化，按照投诉流程详细记录信息转办即可。

报不了税我到底该找谁

背景资料

来电人类型：企业财务人员

业务类型：服务质效投诉

投诉事项：来电人使用网上申报提示“该用户信息不存在”，拨打12366提供的电话又是空号，引发了对税收管理员和技术服务单位的投诉

案例关注点：当税务部门内部管理可能存在不足的情况下，如何立足12366热线职责权限帮助来电人解决问题

基本案情

咨询员：您好！请问有什么可以帮您？

来电人：小姐，我以前投诉高新区的小规模纳税人网上申报不了的事情，你们给我的国税局办公室号码XXXXXXXX是空号，这个怎么打？

咨询员：先生，您是说您是小规模纳税人，网上申报不了之后出现了什么情况呢？

来电人：它提示的是“该用户信息不存在”，我1—7月都能够申报的，就唯独我8月申报它提示“我信息不存在”，请与当地办事处联系。

咨询员：先生，您现在的小规模纳税申报是通过平台进行申报的吗？

来电人：对。

咨询员：那您现在再试一下，可以吗？

来电人：不行，还是“用户信息不存在”。

咨询员：您告知您的专管员了吗？是不是因为专管员……（被来电人打断）

来电人：说了，他说这个事情不归他管，不能网上申报与他无关。

咨询员：先生，请您先别着急。

来电人：我报了的，但是我没章，拿着报表到纳税大厅，工作人员不给我报。马上15号就到期了，网上不能申报，纳税服务厅又不接受，到时候罚款罚哪个嘛？真的是急死人！

咨询员：很抱歉给您工作带来了不便。您携带资料去大厅，工作人员也不给您申报，是吗？

来电人：是啊，我没有章，企业的章没在我这边。

咨询员：本月的征期是截止到17号，您刚才拨打了高新区办公室的电话是空号，是吗？

来电人：你们告诉我管这个事情的部门的号码XXXXXXXX，是空号，这有什么用嘛？

咨询员：先生，确实很抱歉，给您工作带来了不便，这个号码也是高新区上报上来的。

来电人：那怎么是空号呢，你们这个12366到底是个啥部门啊？

咨询员：这个号码确实是高新区办公室的。

来电人：是和114一个性质吗？到底属不属于税务局嘛？

咨询员：先生，您这个情况我们已经记录下来，我们先向上级部门进行反映，尽快给您解决，您看可以吗？

来电人：不是尽快解决不解决，现在是我不能报税。

咨询人：因为这个是网站问题，你向XX技术服务公司咨询过了吗？

来电人：咨询了，XX公司说这个不是他们的事情，其他公司都能申报，唯独高新区这边我这个不能申报。到底是怎么回事，你们高新区是在升级，还是怎么的？总要给个答复呀。怎么办？是你们系统把我这个企业的资料删了，还是怎么了？总要给个答复。到底怎么办呀？你们把我像个皮球一样一会儿推这边一会儿推那边。

咨询人：先生，很抱歉，给您工作带来了不便，请问您贵姓呢，我们再把这个问题向上级反映一下，尽快给您解决。

来电人：我姓潘。

咨询人：好的，潘先生，是吗？请问XXXXXXXXXXX这个电话可以联系到您吗？

来电人：就是我呀，现在我就是等着您们给我解释这个事情怎么回事。因为以前1—7月每个月我们都能申报。我们单位就是到专管员那边把信息和三方协议都录了的。

咨询人：我们没有接到XX公司通知说软件正在升级。所以您这个情况我们再向上级反映一下，行吗？

来电人：我已经打电话给XX公司，他们说这个问题不是他们管的，他们只负责做这个软件，至于什么企业不能申报，他们根本不管。

咨询人：好的，潘先生，您这个问题我们已经记录下来了，并且会尽快给您解决。

来电人：你们要不要企业的识别号，我是这个企业的报不了，我其他的企业，江北的企业都能申报。

咨询人：潘先生，我们记录下您的联系方式，稍后纳税服务处会给您解决这个问题，稍后再给您电话回呼。

来电人：你们能不能快一点，因为明天就是最后一天了。

咨询人：潘先生，这个月的征期是截止到17号。

来电人：可是星期六和星期天也不行呀！就今天和周一两天。

咨询人：我们尽快帮您解决。

来电人：你们能不能快一点，因为你们说这个事情如果解决不了就要去大厅，可是我没有公章，人家帮我申报不了。那现在这样我每次都要去大厅申报，那我办理网上申报干嘛呢？现在主要是要找问题出在哪里，为什么这个企业报不了。你们终究是要解决的，叫我这样跑那样跑，不能像踢皮球那样踢我就行了的。

咨询人：好的。

来电人：你们能不能一个小时或者半个小时以内给我回复？你们没有任何人给我回答这个问题。

咨询人：潘先生，我们尽快在明天帮您解决这个事情，好吗？因为这个事情确实还需要向上级部门进行流转。

来电人：但是你们要给我找出原因啊。不是我电脑的问题，因为我的电脑报其他企业都是能够网上申报的。

咨询人：潘先生，您可以再记录一下高新区纳服科的电话，您看能否打通，好吗？

来电人：好的。多少号码？

咨询人：请您记录，XXXXXXXX。

来电人：我不要大厅的。那天你们给我的电话就是大厅的，大厅不管。

咨询人：XXXXXXXX是高新区纳服科的电话。您稍后拨打一下，看是否能打通。您这个情况我们会继续向上级反映，尽快给您解决问题。

来电人：嗯，好的。

咨询人：好的，潘先生，非常抱歉给您工作带来不便。感谢您的来电，再见。

分析与建议

本案例中咨询员耐心礼貌，安抚了来电人焦虑的情绪，受理了投诉。但由于自身经验不足，没有为来电人提供最优解决方案，导致通话效率较低。

【亮点分析】

服务热情、态度真诚。由于网上申报系统故障，致使上门申报受阻，来电人担心逾期申报会被处罚，其焦虑可想而知。咨询员安抚来电人说“请您先别着急”，然后4次道歉“很抱歉给您工作带来了不便”，最后两次说明“您这个情况我们已经记录下来，尽快给您解决”，并适时提出建议“我们记录下您的联系方式，稍后纳税服务处会给您解决这个问题，稍后再给您电话回呼”，成功地平息了来电人的情绪。

【问题分析】

通话驾驭能力欠佳。来电人反映之前提供的号码是空号时，咨询员做出“此号码是高新区上报上来的”无力辩解，有推诿之嫌，加深了纳税人的不满，引发来电人关于“你们这个12366到底是个啥部门啊”“是和114一个性质吗”“到底属不属于税务局嘛”的质疑。咨询员应该有针对性地给出解决方案，如“抱歉给您的工作带来不便，我现在帮您记录信息与相关部门联系，由他们第一时间帮您解决。您看可以吗？”

【工作建议】

针对此类问题，咨询员可先对来电人所遭遇到的事情表示理解和歉意，缓解来电人的不满情绪。在沟通过程中，咨询员应尽量避免由于自身处理不当，而再次激化矛盾。同时留下来电人的联系方式及时反馈给相关部门，交由相关部门妥善处理。

我维权怎么就这么难呢

背景资料

来电人类型：自然人

业务类型：权益维护投诉

投诉事项：来电人投诉拒开发票事项，并认为咨询员未如期予以答复，质疑税务机关不作为

案例关注点：如何应对来电人对同一事项的多次投诉

基本案情

咨询员：您好，请讲。

来电人：你好。

来电人：看我这个电话给你投诉过多少次？

咨询员：您是投诉这个 ×× 公司吗？

来电人：是的。

咨询员：您现在是想看一下出来结果，对吗？

来电人：我什么结果也不想看，到现在还没有人给我回复，多少个工作日了？

咨询员：先生，我看了一下工单，还正在……我给您具体看一下。

来电人：让你们 0004 号接电话。她是怎么给我说的？

咨询员：您说是谁？

来电人：0004 号。

咨询员：是这样的，先生，我看了一下，0004 号现在……（被打断）。

来电人：0004 号当时亲口跟我说的，我要她给我说一下，今天星期五怎么解答这件事？

咨询员：那是这样吧，我现在为您转到 0004 号。

来电人：上礼拜 0004 号接的，她给我说了，10 到 15 个工作日没到，让我再等一下。我又等了一个礼拜了。我看她怎么说？我看一下，我们政府是怎么给底下办事的。我维个权怎么就这么难呢？你们是怎么转变作风的？就转成这个样子了？我从 28 号投诉到现在。

咨询员：那您稍等一下，我给您叫一下 0004 号。

来电人：叫你们 0004 号。

咨询员：麻烦您稍等一下不要挂机。

咨询员：您好？

来电人：你好。

咨询员：不好意思，让您久等了。是这样的先生，我们 0004 号话务员正忙。我让她稍后给您回拨过去，可以吗？

来电人：不可以，我就在这等着她。

咨询员：因为她在接其他的电话，所以这个可能让您等的时间很长。

来电人：会等一天吗？

咨询员：是这样的，先生，我肯定在今天上午 10 点前给您回复，好吗？

来电人：我不要任何人给我回复，我现在就看一下你们怎么解决这个问题。现在多少个工作日了？你们不是 10 到 15 个工作日吗？

咨询员：您说的这个……（被打断）。

来电人：我不是 28 号投诉的吗？3 号给你们打电话，信誓旦旦地给我说，时间没到，我们 10 到 15 个工作日，3 号给我拨的加急的说是一个礼拜，说不相信还把录音放给我听。你现在怎么解释这件事？你们不是有通话录音吗？我给你说，今天你这问题解决不了，市长热线我找到市长那去。今天正好“3·15”。我就不信了，你们税务怎么为下面办事的？怎么转变的作风，跟什么似的，我就开一个发票，俩礼拜，俩礼拜没有回音，这是你们税务局的作风吗？很难吗？

咨询员：是这样的，先生，据我所知，我们高级咨询员跟市局联系过，让市局跟基层主管税务机关还专门打电话催促了一下，工单也流转了一个催办工单，而且您不是当初反映这个店门口贴了通知说他们要搬迁吗？

来电人：先不要管这么多，你什么时候给我把这件事办完？我现在管你呢，15 个工作日已经到了，你想问我要多长时间？

咨询员：28 号，我也数了一下，到今天是 13 个工作日，还不到 15 个工作日。

来电人：你们想干吗？明天又星期六星期天啦，你们想干嘛？非要 15 个工作日满才能打电话吗？我已经给你们说了，说了具体情况，一个礼拜没有人通知我，也没有人给我打电话，非要等到 15 个工作日满了你们没有给我回复，我才能给你们打电话吗？你们就这样给下面办事的？这很难吗，很难解决吗？什么作风，中央一再强调，转变作风，转变作风，你们就转变成这个样子啦？叫 0004 号接电话！

咨询员：您稍等一下，我给您看一下，她刚才电话是否接完，请您稍等，不要挂电话。

咨询员：您好？

来电人：您好。

咨询员：抱歉，让您久等了，不好意思，刚才有事情在忙。

来电人：你是 0004 号？

咨询员：对，我是 0004 号。

来电人：上礼拜五是你接的电话？是你给我解释的这件事？

咨询员：对，上次我有接过您的电话。

来电人：你不是给我解释过这件事吗？你说下礼拜一定给我答复吗？这礼拜已经完了呀？

咨询员：我给您说的是 15 个工作日内给您把这件事情解决完毕。

来电人：你看看时间，我是什么时间投诉的？

咨询员：28 号，2 月 28 号。

来电人：你想等到星期几我再给你打电话？

咨询员：不是这样子，先生，我给您也解释……

来电人：上个星期我给你打过一个电话，催过你一次，记得吗？

咨询员：对，是的。

来电人：你说把录音放一下，我说 7 个工作日，你说的 10 到 15 个工作日，是这样的吗？记得吗？

咨询员：是这样的啊，我把您上次两个录音都完整地听了，没有出现过 7 个工作日，您如果不相信，这两个录音都可以传给你，包括上次我给您解释的录音，也都可以传给您。好不好？这是一个问题，另外一个我也给您解释一下，您这个案子我不是没有催。我也催了，基层税务局在解决这个问题。因为您这个出现了一个特殊案例，因为他是周六搬迁的，周六咱们工作人员没有上班，所以到周一的时候（咱们工作人员）我们把这个新情况告诉他了。因为您当时举报的时候，原来的地址属于 Y 区国家税务局，然后他又搬迁到 XX 公司的地方，所以咱们工作人员要到其他区局去，XX 公司属于 B 区国家税务局管辖。您明白我意思吗？不是说不给您办理这件事情，先生。有一个特殊情况就是他搬迁到另一个区局了，这件事情我们正在努力，尽快给您解决这件事情，好吗？

来电人：我给你说，今天是“3·15”。市长热线我也已经打过了。这样我也不给你说那么多。你既然说没有到 15 个工作日，我是 28 号，我数到 15 个工作日，我一定给你们打电话。如果到时你给我解决不了，我该怎么投诉你们就投诉你们。

咨询员：对，可以。

来电人：没有问题啊，你不是说 28 号吗，我数着呢。今天 13 个工作日，下礼拜二。

咨询员：对，是的。

来电人：是啊，是你上个礼拜说的下个礼拜一定给你答复，对不对？到目前为止没有一个人给我回复。

咨询员：是这样啊，先生。我们解释说的都是工作日，好吗？

来电人：哪个工作日？

咨询员：15 个工作日。

来电人：15 个工作日？咱们中央一再强调转变作风，你非得等到 15 个工作日吗？ 10 到 15 个工作日是一个上限吗？

咨询员：是这样的，先生。对，这是一个上限，我也希望咱们处理的时候能够尽快为您处理，但是您这个出现了一个特殊情况，就是商家搬迁到另外一个区局了，请您谅解一下。

来电人：你不要给我那么个理由，你们不是 10 个工作日，你报告投诉情况的吗？你搞清楚啊你。你给我解释那么多，你不觉得苍白吗？ 10 到 15 个工作日，10 个工作日不是你们的下限吗？你偏要到 15 个工作日解决了。你说这有意义吗？

咨询员：对，一般情况下是 10 个工作日的，有特殊的最迟不超过 15 个工作日，是这样的，先生。

来电人： 我说的没错，对不对？这样吧，我也不给你说了，0004号我记住你了，对不对？我也不想给你说这么多。对于这件事，我们企业等到现在，所以现在怎么报账，我也不管了。现在是这样的，我就希望你在礼拜二之前解决了。今天是“3·15”，我不想给任何人添麻烦，我也不想一次次给你们12366打电话，你想我28号给你们投诉了一次，上个礼拜给你们投诉了一次，今天又给你们打电话，而且上个礼拜我很真诚、很诚恳地给你们打电话，说人家要搬家，我是把那消息都告诉你们了，而你们一次次地不作为。从中央到地方，转变作风，转变作风，你们税务转变作风就转变成这样子了，你们拿纳税人的钱就是这样干的？

咨询员： 您好，先生。您的心情我也能理解，对您的事情……

来电人： 我不需要任何人理解，我只希望把我这事解决了。

咨询员： 我们也确实在努力，并不是说我接了您这个电话就不处理了，我不是这样子的，包括我们这个呼叫中心……

来电人： 但是我提醒你，我得不到满意的结果，没有人给我打电话，没有人把发票送过来。到时候我希望你0004号给我一个满意的答复，好吗？

咨询员： 是这样啊，先生。我们也希望您这件事情能够尽快解决，好吗？

来电人： 这种话，你不要说了。你刚说了还有2个工作日，等到满限，我给你们打电话，好不好，我希望到时候能把事圆满地解决了。

咨询员： 好的。

来电人： 好不好？下个礼拜你不能给我说还早着呢，对吧，一个礼拜过去了，我只希望我提醒你一遍，你可记住了，我的手机号在你那留着，随时欢迎你给我打电话。如果到礼拜二还得不到解决，咱们该怎么着就怎么着。

咨询员： 可以，这是你的权利，好吗？

来电人： 是，是我的权利。是10个工作日，但现在我有权利投诉你，你10个工作日已过了。

咨询员： 您好，先生。在这个时间上我觉得我不需要给您再解释更多了，好吗？

来电人： 这样你解释不了，你找你们领导。你说哪个地方能解决了？

咨询员： 我们确实也给您解释过时间了，一般就这个举报10个工作日，情况复杂的不超过15个工作日。

来电人： 我的情况复杂吗？我这很远吗？

咨询员：特殊的情况是这个店搬迁到另一个区局所管辖的地区了。

来电人：那你们到底谁给我打过电话说过这个情况？你 10 个工作日没有解决，为什么不给我说明这个情况？还要我给你们打电话。你不要给我解释。

咨询员：我们尽快给您处理完毕，好吗？处理结果一旦反馈到 12366 呼叫中心，我们会第一时间给您回复。

来电人：我也不要你们呼叫中心再怎么个说法，是这样的，我再给你说一遍，我希望咱们真的端正态度，从中央到地方，都在转变作风，为民办事，这是你们为老百姓办的事？自己好好反省反省自己吧。（来电人主动挂断电话）

分析与建议

本案例中，当来电人不断质疑 12366 热线和税务机关工作效率时，咨询员就办理期限问题与来电人反复纠缠和争执，使来电人加深不满情绪，对话变得复杂，沟通较为失败，并未解决实际诉求。

【问题分析】

电话驾驭能力欠缺。咨询员面对咄咄逼人的来电人，使用了如“我把您上次两个录音都完整地听了，没有出现过 7 个工作日。您如果不相信，这两个录音都可以传给你”的表述。此处咨询员似乎在辩驳，又像在说明。让人看到的是咨询员的不自信，心态受到影响，未有效疏导来电人焦躁的心情，致使来电人产生投诉咨询员的想法。在讨论 15 个工作日能否解决问题时，咨询员解释说：“28 号，我也数了一下，到今天是 13 个工作日，还不到 15 个工作日。”引起来电人反问：“你们想干吗？明天又星期六星期天啦，你们想干嘛？非要 15 个工作日满才能打电话吗？”让来电人进一步对税务机关的工作质效产生质疑。

服务用语不够规范。“在这个时间上我觉得我不需要给您再解释更多了，好吗”“这是你的权利，好吗”“您明白我意思吗”等话语带有明显的反诘语气。

【工作建议】

针对此类情绪激动、满腹牢骚的来电人，咨询员应当把握来电人的需求，不要与来电人做过多争辩，这样只会激化矛盾，引起来电人对咨询员的不满。咨询员应耐心倾听，适时回应来缓解来电人的不良情绪。并将工作处理进度及遇到的特殊情况向来电人进行说明，以便得到来电人的理解。咨询员在沟通过程中，应避免使用反诘语气的话语，而应使用“我解释清楚了吗”等更能让来电人接受的表达方式。当来电人要求转接其他咨询员时，转接座席的规范用语是：“我现在就帮您转接，（待来电人回应）请稍等！”接听座席的规范用语是：“您好，我是XX号咨询员，很高兴为您服务。”当来电人在办理时限到期之前追问回复时间时，咨询员的规范用语是：“我们已经将您所反映的情况向XX部门转办，他们会根据规定进行处理，此类事件的办理时限为XX天，我们将在收到回复意见后尽快向您反馈，请您耐心等候。”

为什么往返税务局多次仍交不了税

背景资料

来电人类型：自然人

业务类型：权益维护投诉

投诉事项：来电人投诉在3个月内6次前往地税局缴纳契税，因税务机关系统中没有数据，无法进行申报，导致无法办理房产证

案例关注点：如何把握核心需求缓解矛盾

基本案情

咨询员：您好，有什么需要帮助?

来电人：我想投诉一下。

咨询员：请您说一下您的情况。

来电人：P县地税局。

咨询员：投诉P县地税局，是吧?

来电人：对。

咨询员：您说一下具体的情况，可以吗?

来电人: 我们在W塘买了一套房，在他那去缴税，跑了四五趟老交不了，他说数据没有。

咨询员: 数据没有。

来电人: 对，他说办不了。

咨询员: 为什么数据没有?

来电人: 他说没有这个系统。

咨询员: 没有这个系统?

来电人: 对，在P县买的房，二手房，光去他那缴税跑了五六趟了，去了办不了，我们想，你是不是过问一下这个事?

咨询员: 好的，您稍等。

来电人: 他说数据没有，他说我们做不了这个，没有这个软件。

咨询员: 嗯。

来电人: 而且我们去了以后，好多消费者，有的都跑了十来趟了，办不了。

咨询员: 您当时是问他，他说系统中没有这个数据。

来电人: 对，就是做不了。

咨询员: 我听您说，就是不太明白为什么没有数据，是要交契税，是吗?

来电人: 对，是。

咨询员: 您是业主，是吧?

来电人: 对。

咨询员: 为什么就没有数据呀?

来电人: 因为交不了税，在P县房管局办不了证。

咨询员: 我知道这个就是去交契税，为什么系统中没有数据。您当时详细问过他吗?

来电人: 问过他，他说我们做不了，正在想办法做，现在办不了，已经拖了两三个月了。

咨询员: 嗯，他正在想办法，他具体说想什么办法了吗?

来电人: 他就是做不了，上午我又去了一趟，还是办不了，他说你回去吧，办不了，具体他也不说，我们也不太懂。我说我们纳税，交2万多块钱税你们都不收，他说我们收不了，我们没有这数据。

咨询员: 是这样的，作为纳税人，您有权利监督和举报执法部门的执法情况。

来电人: 对，嗯，也不算举报吧。

咨询员：就是说，您既然打电话过来，我先帮您分析一下，就是说是系统的问题，不是人为不作为，是这样吗？

来电人：对，不是举报啊。

咨询员：你举报也可以。

来电人：不不不。

咨询员：就是说咱们先把这个事情分析一下，并且我们受理举报也要求要把情况详细登记一下，最好是纳税人有证据证明税务机关违法或作为。

来电人：没有没有，态度还是挺好。

咨询员：您说就是想反映一下这情况，是吧？

来电人：反映情况就是抓紧先给我们办了就行了。现在不是光我一个纳税人，好多纳税人去了都办不了。这个详细问我，我不懂啊，这个我哪懂税务系统？哪懂软件系统啊？

咨询员：是，如果是系统问题，可能出现的不只是您一个人。

来电人：对，很多很多。

咨询员：就是在P县地税遇到这种问题了，是吗？

来电人：钱准备好了，2万多块钱交不了。

咨询员：好的，不好意思打断您一下，先生。

来电人：嗯。

咨询员：您这样，您想举报的话，我们给你走举报的程序。

来电人：不不不。

咨询员：您可以自由选择，这是您的权利。

来电人：嗯。

咨询员：如果您不想举报的话，我们给您反映一下这个情况，就是向我们的领导反映一下，了解一下这个情况。

来电人：反映一下就行了。

咨询员：嗯，反映一下。

来电人：不走举报，因为人家态度也不错，人就是做不了。

咨询员：对，所以说您看您说的这个情况，就是先分析一下，是吧。

来电人：对。

咨询员：我们过问一下这个事情，让主管税务机关都知道纳税人很着急，是吧，如果系统坏了赶紧维修，这样可以吗？

来电人：系统没坏，这个系统他就没有。

咨询员：那原来他怎么收的呀？

来电人：原来不知道，反正这一问他们全清楚得很。

咨询员：嗯，我这样听着。

来电人：听我说，P县地税局他清楚得很，他确实做不了，我们光去就去了四五趟了，打电话打了无数次，办不了，我们挺着急，想着赶快把房产证办了。

咨询员：您所知道的是没有这个系统，是这个意思吗？

来电人：对，他们最清楚了，因为他们懂这个，我不懂。

咨询员：那您知道这个系统叫什么名字吗？

来电人：不知道，这个给税务局打个电话。

咨询员：没有收契税的系统。

来电人：他也不会告诉我是什么系统，他就说我们收不了。

咨询员：那您这个信息就是稍微模糊一些，但是我们就先这样记下来。

来电人：不是模糊，我可不模糊啊。

咨询员：不是说您模糊。

来电人：我是纳税人，你问是什么系统，我不知道。

咨询员：对，就是说他这个系统是什么情况，是什么系统，为什么用不了，这个您可能不了解。

来电人：不知道，人家就告诉我，我们这个系统数据没有，这是原话，等到数据有了以后你再交吧。

咨询员：嗯，别的就不知道为什么了，是吧？

来电人：嗯，态度挺好。

咨询员：嗯，态度挺好。

来电人：最后找他们一个副局长，副局长也是这么答复的。

咨询员：嗯。

来电人：我们没办法，我们S市的，买的休闲房，开一趟车跑过去，开一趟车跑过去，坐公交车，一去30块钱，跑了一共有六趟了吧，每次去都带着钱去，交不了。

咨询员：嗯，好的，那我们尽快给您反映这个问题，行吗？

来电人：行、行，谢谢你啊。

咨询员：不客气。

来电人：可不是举报，人态度也不错。

咨询员：嗯，那我们就反映一下，可以吧。

来电人： 行。

咨询员： 嗯，好的。

来电人： 你什么时候能给我个信儿啊？

咨询员： 您现在显示的电话是个座机。

来电人： 这是我的号。

咨询员： 您看这样可以吗？我们工作有我们工作的流程，如果走举报的话，由主管税务机关跟您联系，但您没有走举报，嗯，你就留一个电话吧，如果我们反映之后有什么消息的话，可以跟您联系。

来电人： 就这个我办公室电话，可以吗？

咨询员： 这个能随时找到您，是吗？

来电人： 随时。

咨询员： 嗯，那就行。

来电人： 除了周六周日我不上班。

咨询员： 嗯，可以。

来电人： 您贵姓先生。

咨询员： 我姓尹。

来电人： 尹先生，是吧。

咨询员： 对。好的，我们这样记录，您看可以吗？尹先生反映在P县缴纳契税的过程中，P县地税局答复说：系统中没有数据，所以契税交不成，以致影响您办不了房产证等一系列事情。

来电人： 一直拖了3个多月了。

咨询员： 嗯，3个月了，是吧，非常渴望能解决这个事情。嗯，您的情况我登记好了。

来电人： 谢谢你啊，你服务特别好啊！

咨询员： 这是我们应该的。

来电人： 谢谢你啊，说得非常细致。

咨询员： 这是我们应该做的。

来电人： 也非常有耐心啊。

咨询员： 这是我们应该的。

来电人： 谢谢你啊。

咨询员： 不客气，您还有其他问题吗？

来电人： 最好能给我一个答复。

咨询员： 好的，您的情况我们都向我们领导反映的，好吗？

来电人：好的，好的，谢谢，谢谢，太谢谢了。

咨询员：嗯，欢迎再次致电。

来电人：谢谢你啊，非常满意啊。

咨询员：不客气，再见。

分析与建议

本案例，虽然来电人最后满意地挂断了电话，但在通话过程中，咨询员将简单的问题复杂化，多次确认无意义的信息，拉长了通话时长；并且在来电人表示只是希望尽快解决问题的情况下，一再引导对方投诉，是沟通中的瑕疵。

【亮点分析】

耐心倾听，同理心较好。咨询员接到投诉电话后，一直认真耐心地倾听，且在话语中体现了较好的同理心，如咨询员说“3 个月了，是吧，非常渴望能解决这个事情”使来电人感到自己被理解和体谅，说：“谢谢你啊，你服务特别好啊”“谢谢你啊，说得非常细致”“也非常有耐心啊”。

【问题分析】

需求理解能力欠缺。来电人反映 P 县地税局的系统中没有数据，致使大量纳税人无法缴纳契税，这样一个简单的问题，咨询员却反复向来电人询问了十几次，以至于对话长达 2000 多字，将近一半内容都在纠缠同一问题“为什么数据没有”“没有这个系统”“那原来他怎么收的呀”等，造成无效沟通。这种做法是本末倒置的，咨询员的切入点应该是将实际问题确认后，尽快提出解决办法。如果纳税人确定要投诉，就转办至相关部门处理，而不是反复纠结于系统为什么会没有数据，加深来电人的不满，把一个原本简单的问题拖延成一个时间较长且杂乱的通话。

操作流程不够规范。在处理投诉类来电时，最有效的方式是在安抚来电人情绪的基础上，提供有效解决方案或通过工单流转进行处理。本案例中，咨询员没有从解决问题的角度出发，反复将话题引至“你举报也可以”“您这样，您想举报的话，我们给你走举报的程序”“您可以自由选择，这是您的权利”一再引导纳税人进行举报。

政策掌握不够熟练。咨询员多次将来电人的“投诉”误解为“举报”，这不是简单的口误，根据《国家税务总局关于修订〈纳税服务投诉管理办法〉的公告》（国家税务总局公告 2015 年第 49 号）第十一条的规定，“侵害纳税人合法权益的投诉，是指纳税人认为税务机关及其工作人员在履行纳税服务职责过程中未依法执行现行税收法律法规规定，侵害纳税人的合法权益而进行的投诉”。案例中反映的情况属于此类情形，不应与涉税违法举报相混淆。

用语不够规范。对话过程中出现“那您这个信息就是稍微模糊一些，但是我们就先这样记下来”这样的表述，导致来电人立刻反驳：“不是模糊，我可不模糊啊。”用语随意，容易引起来电人不满，加剧矛盾。

【工作建议】

咨询员面对投诉电话，切忌主动去引导来电人投诉或者举报，应遵循“先处理情绪再处理问题”的原则，还要换位思考，理解体谅纳税人的困难和疑惑，从而减少不满情绪。对于来电人的诉求应站在客观中立的角度思考，耐心倾听诉说，准确把握需求，冷静分析产生矛盾的原因，尽可能地为其提供有效解决方案。对话中，要保持真诚、友善的态度，用规范、礼貌的语言，把来电人的关注重点逐步引导到解决问题上，最终达到化解矛盾的目的。如果来电人确定要投诉，咨询员要尽可能确认清楚投诉相关信息。如果来电人不愿意提供姓名（名称），要给来电人进一步说明，如果投诉人要求保密，税务机关及其工作人员按照法律规定应当为投诉人保密，打消其顾虑。如果投诉人拒绝实名投诉，也不必勉强。

对于税务机关而言，技术部门应定期对系统进行维护，尽量减少系统问题的产生；一旦发生技术故障，要及时与纳税服务部门沟通，通过网站、微博微信、短信平台等方式，将相关事项告知纳税人，待系统恢复后及时发布公告，避免纳税人多次往返税务机关。

我要投诉 XX 科技公司

背景资料

来电人类型：企业办税人员

业务类型：权益维护投诉

投诉事项： 因服务运营商线路问题导致来电人无法正常申报扣款，致使同笔税款先后扣缴了42次，引起纳税人投诉

案例关注点： 如何有效应对纳税人对系统服务商的投诉

基本案情

咨询员： 您好，请问有什么可以帮您？

来电人： 你好，我要问一下，我要投诉XX科技公司（网上申报维护商）。

咨询员： XX科技公司吗？您具体是办理什么业务呢？

来电人： 他们的态度太差，我是网上申报纳税人，他们今天可能是系统有问题，电话也比较多。我是在操作企业所得税年度申报，早晨9点开始，我报年报，报不了。

咨询员： 您网报的时候，提示什么错误呢？

来电人： 提示“处理失败”，我给XX科技打电话，他光说报不了，也没有说原因，但是我的理解报不了是系统暂时有问题，我10分钟后再看系统再报，再看能不能申报成功。

咨询员： 先生，您的报表审核是通过了，但传输过程有问题，是吗？

来电人： 是的，审核是通过了，是传输问题。

咨询员： 您是拨打的XX科技公司的客服电话XXXXXXXX，是吗？

来电人： 不是，是税企通里他们的QQ群。我是边做报表，边咨询的。他没说清楚，光是说申报不了，系统有问题。但是，我的理解是系统暂时有问题，过10分钟或者20分钟可以试试看能否成功，我是这样理解的，所以每隔10分钟或者20分钟，我就点击申报扣款。一直报到中午12点，一直提示“处理失败”，但是到下午我上班的时候，建行给我来信息，说是我扣了42笔税款。然后我给建行打电话，确认是扣了42笔。我就把报表打印了拿到国税，国税意思是系统可能是有问题，但是XX科技没有给我说清楚，导致我重复扣款。我刚才给XX科技打电话，他们说“申报不了”意思就是让你别再多点击网络申报按钮，服务态度特别差。

咨询员： 先生，您的情况我们也知道了，现在等于多扣了您42笔税款。

来电人： 对，对。

咨询员： 现在税务机关对多扣的税款肯定让您正常退税，是吗？

来电人：我去国税局，了解了下，做退库的手续比较麻烦。

咨询员：对的，您的42笔税款已经由建行转到人行，交易完毕了。退库的话，需要提出申请后，逐级审批，从国库给您退，到时候看是退现金，还是抵顶下期税款。

来电人：这个抵顶下期抵顶几年都扣不完的。

咨询员：先生，情况是这样，XX科技公司不属于我们国税部门管理的……

来电人：但是他收我们的服务费呀。

咨询员：对，对，您的这个情况我们会向相关部门反映的，但是您投诉XX科技公司的话，我们一般不能受理，他们不是我们的部门。

来电人：我们一般也不投诉他们，大家都不容易是吧。但是这个情况现在是他们造成的，最起码说清楚。多按这个按钮会出现什么后果，必须给我说清楚，但是他们没有给我说清楚，给他们打电话，态度也是让人很不舒服。

咨询员：先生，是这样，您反映的情况我们会给我们的省局相关部门反映。让省局和XX科技公司的管理人员沟通处理，但是因为现在已经造成42笔税款多扣，只能从国库正常退税，这个期间可能会比较长，因为需要逐级的审批，XX科技公司也没办法弥补现在的这个结果。

来电人：退库需要多久？

咨询员：您是今天早晨申报的，我们需要确认42笔税款是否划入国库。这个需要2～3天的时间。确认后，您可以马上申请退税。因为是从国库退库，我们税务机关受理审核后，传递给国库，还要看国库的审核情况。

来电人：对，我们这个企业的现金流比较频繁。

咨询员：对，但是您现在的情况只能是从国库正常退库。您反映XX科技公司的问题，我们会向相关部门反映，XX科技公司也只能就他们的服务问题进行整改。

来电人：服务确实有问题，还有XX的服务就不错，但是XX科技没法和XX比。我说了XX的服务比较好，XX科技说XX收多少的服务费，我们收多少的服务费？这个态度就是不好。

咨询员：对，他的态度我们会向省局相关部门反映的。XX科技公司也只能对服务进行整改，这个成效只能是你们纳税人在后期看XX科技公司的服务。

来电人：我需要写东西吗？

咨询员：不需要的，我这里会记录的，向相关部门反映，现在多扣的税款 XX 科技公司也没法承担，只能是尽快地申请退税处理。

来电人：像这样的情况，不只是我一家，还好那家是没有税款是零申报的。

咨询员：先生，是这样的，如果您以后发生这种情况，扣款失败时，您暂时就别操作，别像现在这样一笔一笔的试。今天早晨的情况，您一笔一笔地试，系统也没给您提示，是吗？

来电人：是，以前直接提示“处理成功”就 OK 了，但是今天一直是“处理失败”。

咨询员：那今后如果出现这个情况，您再别操作，可以直接给我们或者申报大厅打电话，查询一下您的申报状态。

来电人：一般我们申报完，系统立马会来信息给我的。

咨询员：先生，您的手机是和银行绑定的，是吗？建行扣款的信息为什么没有及时给您呢？

来电人：早晨系统不是很好嘛，这个不怪建行。

咨询员：先生，是这样，我们税务机关的责任我们会承担，因为软件问题，但是如果您做了手机绑定的话，扣一笔税款建行应该马上有短信给您的。先生，您的情况我们会及时反映，对 XX 科技公司的投诉，XX 科技公司整改也只能由你们纳税人在日后与 XX 科技公司沟通中对他们进行评估，那稍后，我们的工作人员可能会向您了解情况，先生您贵姓呢？

来电人：我姓韩，韩国的韩。

咨询员：回复这个座机号码，可以吗？

来电人：回复我的手机号码 XXXXXXXXXXX，座机有分机需要转接，不方便的。

咨询员：好的，XXXXXXXXXXX。先生，您还有其他问题吗？

来电人：你们尽快给我处理下退税。

咨询员：退税是这样，您向主管税务机关确认税款是否入库，确认后，向主管税务机关的办税服务厅文书受理岗提交申请，填写退税表，您再写个情况说明，把建行给您的扣款证明也附上。我们会尽快给您核实处理的。

来电人：好的。

咨询员：您还有其他问题吗？

来电人：没有了。

咨询员：感谢您的来电，祝您愉快，再见。

咨询员拨打来电人手机回复处理情况：

来电人：喂。

咨询员：喂，您好，是韩先生吗？

来电人：嗯。

咨询员：您好，我是12366呼叫中心，您现在说话方便吗？

来电人：怎么啦。

咨询员：您前几天对XX科技公司的投诉，我们省局相关部门把处理情况反馈给我们了。XX科技公司是你们网上申报的维护商，我们省局也要求XX科技公司对“问题解答不清，服务态度恶劣”等问题进行整改，要求XX科技公司对您进行道歉，我想问下，他们联系您了吗？

来电人：联系了。

咨询员：那是这样，我们省局也要求XX科技公司对服务进行整改，您现在还有其他问题吗？

来电人：我现在面临还有一个问题就是公司对我也有一个处罚。

咨询员：这个是企业内部对您的处罚，是吗？

来电人：对呀。

咨询员：这个的话，我们可能没法帮您。这个情况您还是和你的企业再沟通一下，因为也是网络存在问题，您的退税我们会尽快处理，因为是从国库退库，时间上稍微长点，我们会尽快处理，如果您有其他的问题也欢迎您再次拨打我们12366纳税服务热线。

来电人：好的，谢谢你。

咨询员：没关系，祝您愉快，再见！

分析与建议

咨询员对来电人需求理解较好，沟通流畅，虽个别答复略有重复，但最终基本满足了纳税人的诉求，解决了实际问题，所以没有引起来电人情绪的进一步波动，并且该电话有后续回访，整体沟通的连贯性和完整性比较好。

【亮点分析】

需求理解把握准确。咨询员在来电人要进行投诉的情况下，仍能剖析出解决问题的关键，最终将问题解决方式的落脚点放在如何解决重复扣掉的税款上。较多地采用了可以让来电人简单回答的“传输过程有问题，是吗”“多扣的税款肯定让您正常退税，是吗”这类客观理性的问题来引导。能够明确告知来电人遭遇此类情况有“退税”和“抵顶下期税款”两种处理方式，并进一步解释了办理退税的基本流程，告知其如何及时挽回损失。答复的方式和角度均正确，从而避免引起更大的矛盾。

【问题分析】

政策掌握还不够全面，如对投诉受理范围掌握不够准确。根据《国家税务总局关于印发〈12366纳税服务升级总体方案（试行）〉的通知》（税总发〔2015〕110号）规定：“发挥12366热线系统功能完善、管理统一的优势，在做好涉税咨询服务的同时，受理、转办对涉税软件服务单位服务质量的投诉。”由于咨询员对此规定不了解，因此出现“我们一般不能受理，他们不是我们的部门”之类的话，这个答复是错误的。

沟通技巧有待提升。来电人提出“这个抵顶下期抵顶几年都扣不完的”，咨询员应该就此指出纳税人可以选择退库的方式，而不是将话题突然跳跃到“先生，情况是这样，XX科技公司不属于我们国税部门管理的……”，容易使本来可以在此时化解的矛盾加剧。咨询员使用“我们一般不能受理，他们不是我们的部门”之类的表达，到底是能够受理还是不能受理，答复模棱两可，容易引起来电人的不满。

【工作建议】

咨询员应加强对投诉受理范围的学习和理解，对受理投诉的过程及环节应当有更完善全面的把握。即使一时无法明确到底能否受理，也应该先进行登记，再按照《国家税务总局关于修订〈纳税服务投诉管理办法〉的公告》（国家税务总局公告2015年第49号）予以转办。同时，该案例提醒我们，12366热线咨询员在接听纳税服务投诉电话时，可首先从为来电人解决实际问题的角度出发，对化解投诉事项做一番有益尝试。通过对来电人的积极引导，缓解来电人的激动情绪并疏导其对税务等相关部门的不满，以切实提高热线服务质效和税务机关的整体形象。

发票涉税举报类

如此开具发票符合国家规定吗

背景资料

来电人类型：自然人

业务类型：发票涉税举报

投诉事项：举报一家餐馆消费不足200元不给开具发票

案件关注点：如何先安抚情绪后处理问题

基本案情

咨询员：您好！这里是12366，请问有什么可以帮助您的吗？

来电人：你好，我有个问题要问一下。

咨询员：您好，您请讲。

来电人：我想问一下，我们国家有没有关于发票开具方面的政策规定？

咨询员：您想询问的是关于发票开具的哪方面问题？可以具体说一下您的问题吗？

来电人：就是想问一下，我正常消费付了款，对方是不是应该给我开具发票？

咨询员：是这样的先生，根据《中华人民共和国发票管理办法》（中华人民共和国国务院令第587号）第十九条规定：销售商品、提供服务以及从事其他经营活动的单位和个人，对外发生经营业务收取款项，收款方应当向付款方开具发票；特殊情况下，由付款方向收款方开具发票。因此如果您与对方发生了上述行为，则收款方是应该按照规定为您提供相应发票的。

来电人：嗯，对。是有这方面规定，是吧？我觉得也应该有。那他们没按照国家规定执行，怎么办？

咨询员：先生，请问您现在是遇到什么问题了？是您正常支付了款项，而收款方没有为您提供发票吗？

来电人：对啊。我在一家餐馆吃饭，然后我要求他们给我开发票，但他们说必须在他们那消费200元以上才可以开具发票，我觉得不可思议，怎么还有这种规定？

咨询员：是的，先生，您别激动。您作为付款方向对方索要发票这种要求是合理的，而且开具发票是没有消费金额限制的，无论金额多少，收款方都应该向付款方提供发票。

来电人：对啊，但他现在就是不给我开发票，就说得消费200元以上才给开。

咨询员：付款方拒不提供发票是违反税法规定的。您尝试着与对方沟通了吗？

来电人：我和他沟通多少次了，对方就是不给开，我要投诉他。

咨询员：您可以尝试着与对方沟通，将发票管理办法中的相关规定告知收款方。如果协商无果，您可以进行涉税举报。

来电人：我已经跟他协商过了，我现在就是想举报，你帮我反映一下吧。

咨询员：是这样的先生，涉税举报需要您提供您本人和收款方的基本信息。因为我们的电话是有录音的，我们本着对举报人信息保密的原则，对涉税举报是有专门处室为您受理的，您可以拨打一下XXXXXXXX我们市局稽查处的电话进行举报。

来电人：这个电话我打过了，对方刚才占线，所以才找你们的。

咨询员：市局专家应该是在受理举报电话。这样吧，您留下您的联系方式，我为您联系市局稽查处，将您的情况和电话告知对方，然后由我们的专干电话联系您，可以吗？

来电人：嗯，这样就太好了，那麻烦你了啊。我电话是XXXXXXXX。

咨询员：不客气，XXXXXXXX这电话可以直接联系到您，是吗？

来电人：对对，可以联系，太谢谢你了。

咨询员：不必客气，已经记录下来了。我会尽快联系市局专干为您解决问题。

来电人：好的，好的。

咨询员：感谢您的来电，再见。

来电人：再见。

（挂机后咨询员立即与市局稽查处专干取得了联系，将情况向专干陈述后留下了来电人联系方式。随后，咨询员进行了电话回复。）

咨询员：您好，这里是12366纳税服务热线。请问您之前拨打12366热线进行过涉税举报，是吗？

来电人：对，是的。

咨询员：我们本次是对您进行一下电话回访，请问我们市局专干是否已经与您取得了联系？

来电人：啊，对，过了不到10分钟就联系我了。我已经把情况都跟他说了，他们已经在受理了。真的是非常非常感谢你们啊。

咨询员：不必客气，这是我们应该做的，先生请问您是否还有其他需要解决的问题？

来电人：没有了，谢谢了。

咨询员：不客气，稍后请您根据语音提示，对我的本次服务进行满意度测评。谢谢，再见。

分析与建议

本案例，咨询员业务熟练，思路清晰，语言规范，有同理心，对来电人的问题和心理都有一个很好的把握。各个环节衔接流畅，展现了较高的职业素养。

【亮点分析】

熟悉税收政策。当来电人提出“我正常消费付了款，对方是不是应该给我开具发票”时，咨询员引用《中华人民共和国发票管理办法》（中华人民共和国国务院令第587号）第十九条规定进行解答，答复内容专业且具有针对性，对相关法律法规把握准确。

逻辑思路清晰。当来电人提出“我们国家有没有关于发票开具方面的政策规定”这种开放性问题时，咨询员通过“您想询问的是关于发票开具的哪方面问题？可以具体说一下您的问题吗”的提问来缩小解答范围；当来电人又提出“那他们没按照国家规定执行，怎么办？”咨询员并没有被来电人“带着跑”，而是通过“是您正常支付了款项，而收款方没有为您提供发票吗”的封闭性问答方式最终获取来电人的真实意图。

沟通方法得当。在来电人情绪激动的情况下，咨询员保持冷静，通过提出“您作为付款方向对方索要发票这种要求是合理的”，对来电人表示赞同，安抚其情绪；在来电人情绪得到缓解后，咨询员通过提出“您可以尝试着与对方沟通，将发票管理办法中的相关规定告知收款方”，是希望化解举报事项的有益尝试。

主动服务意识强。在来电人反映举报电话忙线的情况下，咨询员提出“这样吧，您留下您的联系方式，我为您联系市局稽查处，将您的情况和电话告知对方，然后由我们的专干电话联系您，可以吗”，主动为来电人联系受理问题的相关部门，并及时回访来电人，表现出良好的职业精神。

【工作建议】

如何解决情绪激动的来电人举报不开发票的问题，建议咨询员采用以下方法：一是理解来电人的内心感受，通过复述或赞同来电人的观点，表达对其理解，安抚其情绪；二是当来电人提出一个开放性问题或对问题表述不清时，可通过封闭式问答或排除式问答缩小问题的范围，有效引导来电人正确描述问题，从而抓住其真实意图；三是在符合现有工作规范的情况下，主动为来电人联系受理问题的相关部门，并及时回访来电人。

卖服装开修理修配发票，我该怎么办

背景资料

来电人类型：企业财务人员

业务类型：发票涉税举报

举报事项：来电人购买服装但取得的却是加工及修理修配劳务发票，与商家协商后，商家拒绝开具服装发票

案例关注点：如何提高答复的严谨性以避免潜在的纠纷风险

基本案情

咨询员：您好！这里是12366，请问有什么可以帮您？

来电人：您好！请问是Z市国税局吗？

咨询员：先生，您好！请问您遇到什么问题了呢？

来电人：是这样的，我是5月18号在Z市J服装专卖店买了一些服装，当时服装店没有发票，因我当时赶着回去，他（J服装专卖店工作人员）给我说把发票给我快递过来，然后今天我收到了他（J服装专卖店工作人员）快递的发票，他（J服装专卖店工作人员）给我开的是C省Z市加工及修理修配发票，然后我说我买的是服装，他（J服装专卖店工作人员）拒开服装的发票。我现在不知道该怎么办，因为4000多块钱是公款，是需要报账的。然后他（J服装专卖店工作人员）给我开的发票我连真伪都不知道，连个公章都没有。我就想知道这个我该怎么办？

咨询员：您可否告诉我，他（J服装专卖店工作人员）给您开具的发票的代码和号码吗？

来电人：发票代码是XXXXXXXXXXXX，发票号码是XXXXXXXX。

咨询员：发票代码是XXXXXXXXXXXX，发票号码是XXXXXXXX，对吗？

来电人：对对对。

咨询员：您是说这张发票未盖公章，并且是修理修配发票吗？

来电人：对对对。因为我是在J服装专卖店买的服装，然后它（发票上）现在什么都没有。

咨询员：好的，先生。您说的这个情况我现在记录下来了，稍后我们会对这些问题进行进一步核实，核实后会有相应的处理，处理结果给您回电，好吗？

来电人：那这个应该怎样处理呢？

咨询员：先生，不如您给我们留一个联系方式。

来电人：XXXXXXXXXXX。

咨询员：先生，请问您贵姓？

来电人：我姓吴。

咨询员：好的，吴先生。这个问题我们会交由相关部门进行处理，处理过后会给您一个答复的，好吗？

来电人：我想知道他（J服装专卖店工作人员）给我开具这样的发票是合理或合法的吗？

咨询员：吴先生，从您所述的情况，他（J服装专卖店工作人员）给您销售服装，应该向您提供商业销售发票或者是有奖定额发票，他（J服装专卖店工作人员）现在给您开具的加工及修理修配发票，目前来看是不合理的。

来电人：那我现在应该怎么办呢？

咨询员：您所说的情况我们已记录下来，我们会跟J服装专卖店的主管税务机关联系，到时候给您一个答复，好吗？

来电人：那这个回复大概需要多长时间呢？

咨询员：我们会在3个工作日内给您回复。

来电人：能快一点吗？因为我这个是等着报账的。

咨询员：吴先生，因为我们的处理需要一定的流程，我们会尽快给您答复，好吗？

来电人：你们C省这边是不是有有奖举报啊什么的。那么我现在要有奖举报，它（J服装专卖店）肯定算偷税漏税，因为刚刚我有咨询过律师，他（律师）给我说这个发票是已经作废了的发票。

咨询员：我们会进一步进行核实，到时候给您一个答复，好吗？

来电人：那您能够稍微地快一点，行吗？

咨询员：好的，吴先生。再跟您核实一下您的联系方式，是XXXXXXXXXXX，对吗？

来电人：XXXXXXXXXXX。

咨询员：好的，吴先生。我们核实后给您回复，好吗？

来电人：好的，谢谢！

咨询员：不客气，请问您还需要其他帮助吗？

来电人：没有了，谢谢。

咨询员：不客气，感谢您的来电，再见。

分析与建议

本案例，咨询员用规范而严谨的服务用语赢得了来电人的好感，在需求探索阶段，快速获取了相关信息，受理了来电人的举报，但是税收政策解答不够准确且规则意识不够强。

【亮点分析】

服务用语规范。本案例中咨询员从开场问候到需求探索，从确认问题到提供方案都提供了规范的电话服务，如“您好！这里是 12366，请问有什么可以帮您”“请问您遇到什么问题了呢”“发票代码是 XXXXXXXXXXXX，发票号码是 XXXXXXXX。对吗？”“您是说这张发票未盖公章，并且是修理修配发票吗”“先生。您说的这个情况我现在记录下来了，稍后我们会对这此问题进行进一步核实，核实后会有相应的处理，有处理结果给您回电，好吗”等。此外，通话过程中凡提及“发票代码”和“发票号码”，咨询员均使用全称，体现出用语的规范。

【问题分析】

税收政策解答不准确。来电人咨询“收到了他（J 服装专卖店工作人员）快递的发票，他（J 服装专卖店工作人员）给我开的是 C 省 Z 市加工及修理修配发票，然后我说我买的是服装……连个公章都没有。我就想知道这个我该怎么办？”咨询员没有给予正面的答复，且在讲解政策时没有引用相关文件。

规则意识不强。来电人第一次提出“那这个回复大概需要多长时间呢”时，咨询员答复“3 个工作日内回复”；来电人第二次提出“能够稍微地快一点”的请求时，咨询员又答复“好的”。前后答复不一致，反映出咨询员规则意识不强，答复不严谨，一旦无法达到来电人预期，其结果将导致来电人不满。

【工作建议】

加强业务基础知识学习。业务基础知识学习是咨询员提供高效的热线服务的基石。针对发票查询、举报等业务，咨询员如果对发票相关文件及内容、违规处理流程、发票票面设置等基础知识有清晰的了解，则在遇到相关问题时，能快速反应，准确答复。例如，当咨询员遇到违反开票规定的发票举报时，应先告知此发票的开具违反了《中华人民共和国发票管理办法》的规定，再进一步受理来电人的举报，明确告知来电人具体处理流程；其次对于有奖举报的问题，也应该明确告知来电人在《检举纳税人税收违法行为奖励暂行办法》中有相关规定。

强化规则意识。在来电人第二次提出“那您能够稍微地快一点”的请求时，咨询员应坚持“回复时限是 3 个工作日”的原则，同时以委婉的语气告知来电人，让其更容易接受，避免导致来电人不满，建议咨询员回复：

“我们会向相关部门转达您的诉求，但我们的回复时限是 3 个工作日，希望您耐心等待。”这样既没有明显拒绝来电人诉求，也再次强调了回复时限。

仅凭一张收据如何进行维权

背景资料

来电人类型： 自然人

业务类型： 发票涉税举报

举报事项： 来电人购买电脑当时未取得发票，只取得一张盖有保修专用章的收据，后因质量问题向商家索要发票，被商家拒绝

案例关注点： 如何在职责范围内既恪尽职守又能有效地控制通话时长

基本案情

咨询员： 您好。

来电人： 哎，您好。

咨询员： 您好。

来电人： 我哈，嗯，想说一下，我在去年的 9 月，在这个电脑城买了一台电脑，一台惠普的电脑，是九洲公司售给我的，但是这台电脑呢，他给我开的是收据。收据上盖了一个章。这个章上写着笔记本保修专用章，电脑城科技大厦。结果呢，他这个发票特别不规范，他只写年份也没写月也没写日也没大写，只写他的姓名和这个章。结果上回有个问题，我们找到他，他说是他那卖的。现在这个电脑出现问题了，我们就跟厂家联系。这厂家看了这个发票以后说：这个发票不管用，我们不能维修。因为想维修得要正规的发票，这是收据。我们就找到了电脑城要换发票，这个惠普呢他保修三年，我们这还不到一年，结果就要换发票。这个惠普，这个电脑城告

诉我们这个厂家啊，这个九洲，这个厂家已经清出租场了，那个开不了发票。我说，我们这个得保修三年，现在出现问题了修不了，这个结果电脑城的服务台就跟过去的九洲的这个老板通电话联系，这个老板仍然说开不了发票……

咨询员：嗯，问您一下。在当时取得这个商品的时候，您向他索要发票了吗？

来电人：呃，是我孩子买的。

咨询员：噢，然后当时……

来电人：在孩子印象当中啊，就是维修的一个问题，可是呢这上面盖的这个章啊就是维修专用章，保修专用章。他是一种欺诈行为，再一个还有一个这个产品，我们买的时候啊，我们孩子说是送我父母的礼物，要最好的，有什么这个配置为最好呢？他就告诉四核这个那个。结果当时我们这款机子应该是3000块钱。结果他告诉我们孩子最好的。这个配置那个配置告诉完我们孩子之后说这台机器5000块钱。他本身还存在着欺诈。结果我们孩子买回来了，维修人员上门一看这个是最普通的机子，根本就不是5000块钱的，是3000块钱的，所以我们心里特别的不舒服……

咨询员：嗯，是这样……

来电人：我不知道这个问题找谁能解决？

咨询员：您说的这个情况，如果您当时向他——就是咱们消费者当时消费的时候应该主动索要发票，就是向商家索要发票，商家有义务向您开具，必须向您开具发票，如果您主动索要的话。但是现在像您这种情况呢，您可以要求这个电脑城这块帮助您解决一下。现在，就是说，我这块也可以把问题向您提供一下南区国税局的稽查举报中心的电话。您可以把这个情况向他们反映一下，但是由于您当时没有主动索要发票，现在不能确定商家是否能向您补开这个发票。因为是这样，根据咱们《增值税暂行条例》第十九条的规定，发票的开具时间需要与它的货物销售发生时间相符的，是这个情况，然后您现在看看您所说的遇到的这个质保问题，还有所谓的经营中的欺诈问题，这个是属于工商的一个管辖范畴的一个问题。您说的关于发票的问题您可以向南区的国税局稽查中心去反映这个问题，看他不开票这个行为是否已经进行了记账报税，是否已经缴纳了税款，您可以向南区国税局去反映这个问题，他们去核实，税务机关的这个管辖权主要是税款这方面，他的发票和税款这方面。

来电人：那个，还有一个现象，比方啊，我们拿着这个发票啊，我们拿着这个收据啊，就到这还是卖惠普的这家，这家仍然卖惠普，但是呢，是换了公司了，换人了，你看这家公司告我什么呢，嗨，这个事你交我们那个，百分之十七啊是百分之多少钱哪，那个我们花，你花五六百块钱可以补一张发票，他们，我说，那这张发票，这个机子，嗯，这个发票怎么？他说我们会倒。

咨询员：那他这个行为，如果说他没有发生货物销售行为而是单单给您开具一张发票的行为，他这是虚开的行为，虚开增值税发票的行为，这个本身是一个违法的行为。

来电人：所以我想说的是什么呢，就是说，在我们这个机子上他们也会这样倒吗？所以他不见得能查得出来吧？

咨询员：您说的这个情况，比如说，您现在是有这个机器串号的，有当时货物销售收据的，然后咱这边税务机关可以根据您的情况去核实，看他当月是否对您的这笔销售收入是否进行了纳税申报，缴纳了增值税，然后这笔是否记入了无票收入当中，可以去核实。

来电人：嗯。再一个我们这个收据上就是后边也有号，他的这个号也得在他的前后号当中也得有，也得有记载吧？要真解决这个……

咨询员：他给您开具的发票的是什么样的格式，因为一般的一个企业发票的话它只是购买时的一个连续的发票，据我所知，收据是不能作为咱们有效的凭证的，像一般的销售类企业开具的发票是不能作为有效的凭证的。

来电人：嗯，您说，实事求是地说，我遇到了这件事以后啊特别的别扭。我真是没有想到啊。就是他们在电脑城，还不是在街上大摊上，对吧。是在电脑城，是在一个有管辖部门的还这么龌龊，还这么欺骗，还这么欺诈。这跟上人家偷盗有什么区别啊？

咨询员：这个行为确实，您以后就是说，作为12366纳税服务热线呢提醒您以后在购买商品尤其是在大宗商品的时候，注意向商家索要正规的发票，索要正规发票……

来电人：这个孩子他不懂，那个……

咨询员：作为咱们消费者维权的一个重要的凭证，尤其是咱们个人在购买商品时一定要注意向商家索要发票，如果说他不能开具发票就会存在这样或那样的问题，建议您以后遇到这种问题可以拒绝购买或是……

来电人：是，您说我现在，目前这个问题能解决吗？

咨询员：您这块，就是关于发票的问题我可以向您提供一下咱们南区国家税务局的相关的联系电话。您把这个情况进行一下反映，他们会去向这家公司核实您这个情况，去检查发票，当时这笔销售收入是否记账报税了，是否缴纳了税款，但是像您说的存在的这个欺诈的问题，还有他经营中一些不轨的行为啊，这块咱们税务机关是没有检查权的，这是工商部门管理的范围。

来电人：唉，您说这个，我，我，我现在怎么解决？这个路子的途径是怎么解决？我第一得解决我维修的问题。

咨询员：嗯嗯嗯。

来电人：现在这个电脑城的服务台哈，我感觉他们心里啊，心知肚明。我到了惠普这个地方。他说，我到电脑城他说我们没有这个厂家。我到这个卖惠普的地方问，就这个摊位问。他说这个开收据的人我认识，是九洲的。我拿回来又到服务台，我说这是九洲卖的。他说这样吧，我给你打电话呃，跟他们过去的负责人联系一下，看看能不能给您开发票。结果打完电话，说他们研究一下。一会儿来电话，说他们不能给你开发票。那个因为他们要真开了发票，我认为啊，他们不就把这个他们欺诈这5000块钱的这个事实不就清楚了吗？所以他们那个不敢开这个发票，回来这个电脑城的服务员就告诉我们嘛，现在我们一点儿办法没有。因为这个厂家，这个厂家已经不在我们管辖范围之内。我们那个没有权力，不能帮你，这是电脑城说的。所以我真不知道这件事应该怎么办。

咨询员：像您这个事，比如涉及咱们维修这块，如果说发票这块的问题啊，税务管理部门可以去核实然后把您反映的这个情况去跟这个企业核实，但是您所说的这块，尤其是这个质量问题质保问题这个属于工商部门的管辖范围。像您这个情况，您可以把情况向工商部门反映一下，尤其像是通过咱们消费者权益保护法啊和这个咱们相关的工商管理条例，对这方面是有一个管辖的，像税务部门这块呢，可能没有办法给您做出更细致的解答。

来电人：您说我现在的途径应该怎么走，现在应该先找谁后找谁，主要找谁？解决哪个问题找谁？

咨询员：像发票问题，您可以向税务部门也就是南区税务部门去反映，然后让他们帮助核实这个事情，然后就是像您这个质检这块，还有消费者权益保护也就是消费者权益保护协会，还有工商管理部门，可以向他们那一块反映一下。像质量问题，还有就是经营中出现的一些问题，这个都属于咱们工商 12315。这个纳税服务热线的一个能够帮助您解决的范围内的事情，就是具体消费者权益的保护这块反映到消费者权益委员会，然后像发票这块我向您提供南区电脑城主管税务机关的电话，他们会向电脑城先核实一下。

来电人：可是我有一个问题，因为您是那个专业搞这个的。我从来没有接触过这样的事，我有一个，这个问题，就是说他这个收据上，就是说没有写日期也没有大写，就连收据都开得很不规范，并且盖的这个章上边写的是电脑城科技大厦，也不是电脑城里边的章，所以他能查得到他是哪天卖我的？哪天他开没开发票？就是说正式的部门他能查得到吗？我想他既然作假，既然欺诈就要把很多的漏洞想明白，所以这个问题就出现了，嗯，你说……

咨询员：这个问题可能就是，他们如果说就是近期对相关的账目进行隐瞒，以及开具发票不规范，这种情况的话，他们是否隐瞒了销售收入这块，可能这个税务机关需要一定的时间去核实；而且就是像您所说的，由于您没有要这个正规的发票，他这个是否对这个销售收入进行了纳税申报，是否已经缴纳了税款这块，现在就是说税务机关去核实的时候也有一定的难度。这个情况确定是这个样子的。然后就是说呢，像您所说的这个情况，应该根据这个《增值税暂行条例》的规定，确实是咱们消费者可能在这个一般的情况下对这个不是很注意，但是咱们税务机关是以这个发票作为企业核算作为管理的直接有效的凭证，其他的像您收据这块一是没法确认，这个收据是否是这家企业开具的，比如说您现在收据上面有企业的公章，而且这个公司的名称与这个企业确实相符，税务机关能查询到这家企业的情况下，税务机关能帮助您解决这件事情，可能能去核实对这笔销售收入进行了纳税申报，但是如果说他这块没有一个相关的直接的证据，比如说这个章有问题或者这个发票根本就不是这家企业的，像这种情况的话，税务机关在处理起来也是有一定难度的。

来电人：我想跟您探讨一下。我想哈，就他，就他公司的章是自己私刻的，因为他既然做这个就连服务台都说：他要好能轰他走吗？

咨询员：您说的这个情况，私刻公章，比如说他私刻公章，他这个公司和电脑城签订的合同不符，像是这块的问题，他属于是在经营上的就是虚假经营的一个行为。像这种行为的话呢，可能就需要向工商管理部门去反映。因为企业在经营的时候根据咱们《公司法》的规定，他必须在经营场所悬挂他的营业执照和税务登记证。他所开具的一切的收据发票必须与他的工商营业执照和税务登记证上的名称相符。如果说他现在开具的发票与他实际的名称不符的话，那这块确实是属于一个工商对经营行为需要对他做出一个规范和一个相关的管理。

来电人：我想啊，只有一个证据不知道能不能拿的出来，只有一个证据能说明是他卖的，并且是在电脑城的摊点上卖的。

咨询员：嗯。

来电人：就是这台电脑，每一个电脑都有它自己电脑的身份证。

咨询员：您说的这个是没有问题，但是像您所说的这个，就是他电脑的串号都是唯一的，但是它唯一的串号需要他在中国的一个分销商一步一步地核实。像是这一块的话，您可能需要去联系他上级的经销公司，通过这个经销公司查询这家这个产品到底销给了下面的哪个分销公司，通过这样去查询。

来电人：对。

咨询员：只有这样去查询。这个核实起来确实有一定的难度，因为惠普他们这个电脑销量挺大的。从他们这个一级一级的经销商来查也是有一定难度的。这个您如果要想解决的话，恐怕这个税务部门对这个具体产品销售产品的型号和质量监督这块确实是没有权限去做。

来电人：我跟您说吧，我啊说真的，我是想首先啊保证维修正常，正常维修这个是我想做的，但是至于他骗了我们 2000 多块钱，这件事说真的如果要解决不了，特别难解决，说真的咱花心力花气力，再生气再着急也不值。让你说有本事的人，因为他是这种诈骗行为的人，他将来还会诈骗别人，让有本事的人去治他，你说咱确实没有这个精力……

咨询员：您说的这个确实是以后还是要注意对自己权益的一个保护，尤其是在购买商品索要发票这件事上，这还是很重要的。

来电人：孩子买的。

咨询员：12366 接到这种检举有些还是将通过凭证去找到这些企业，他可能确实是开具是和他企业名称相符的一个收据，可能我们还能联系到这家公司去核实这个事情，有些他收取的这个就是与他的公司名称都不符，我们都没办法查询到这家企业，消费者维权会遇到很多困难。

来电人：这个九洲这个单位，这个电脑城啊跟老板联系了，联系的过程哈，我看和他回电话的过程，他已经就是默认他卖的。

咨询员：相信您所说的这种情况，咱们可以通过这个税务机关找到他的这个上级的，这个比如说他的专场在电脑城这块，通过电脑城，电脑城联系这家企业，但是您说的这个情况，企业是否承认这笔销售收入，尤其是您收到的这个收据与他的企业名称是否相符有待进一步的核实。

来电人：反正我感觉要是走过这一圈了也很难，对吧？

咨询员：确实是有难度的，如果说您这个情况的话……

来电人：如果我打这个电话能解决，人家去核实，咱们不介入了……

咨询员：要提供肯定会介入，咱们会去调查，给您一个您相对能满意的结果。这个事情可能还是要看证据和相关调查的结果的。这块就是说咱们税务机关进行各种处理问题的时候还是要凭借一定的相关的凭证的。

来电人：你说作为我们这个就是说这个……

咨询员：像您这个这块质检和保修，这个根据咱们这个中华人民共和国质检相关的法律来说，可能就是说质检保修的，可能就是说有相关规定的，就是这个产品出厂的时间和多长时间内保修，最低的保修时限是什么，都是有相关规定的。建议您再去查询一下，因为我不是这方面专业的做这个，主要我还是专业在税务这方面。您所说的更多的需要问一下工商部门和质检部门，才能达到您一个保修一个维权的一个目的。

来电人：行，您给我一个开发票那是什么，那个地方的电话。

咨询员：您稍等一下。

来电人：好。

咨询员：我向您提供一下南区国家税务局稽查举报中心的电话，您方便记录一下吗？

来电人：好，您讲。

咨询员：XXXXXXXX。

来电人：XXXXXXXX，这是什么部门？

咨询员：南区国家税务局稽查举报中心，这个是对他们南区所辖的企业有一个直接管辖权的一个部门，您可能把他的这个情况……

来电人：稽查举报中心，是吧？

咨询员：对。

来电人：好。

咨询员：好的，您还有其他问题吗？

来电人：还有一个，质检这个路还用找吗？

咨询员：您说的这块好像工商对质检也是有检查权的，您可以试着拨打一下 12315，好吗？

来电人：好的，谢谢您。

咨询员：好的，感谢您的来电，再见。

分析与建议

本案例，咨询员业务熟练、服务耐心，展现出良好的专业素质，基本解决了来电人问题，但过长的通话时间降低了咨询的工作效率。

【亮点分析】

有效控制情绪。本案例中来电人不善言表，且满腹牢骚，明显地带有不良情绪。咨询员肯花时间和精力去耐心倾听，提供热情且体贴服务，充分体现了他富有同理心。例如，来电人因购买电脑向商家索要发票遭拒绝，十分气愤，不断向咨询员诉说心中的怨气，咨询员不被其不良情绪所干扰，情绪稳定地说："您看我能为您做什么呢""我能够理解，如果是我也会很生气"，不断尝试化解来电人的负面情绪。

【问题分析】

驾驭电话能力弱。不能有效控制电话时长。本案例，全文 5000 多字，通话时间 30 分钟左右（按 150 字 / 分钟计算）。当然，一个不可控的情况是该来电人语言啰唆，表达不连贯。他检举商家拒绝开发票，怀疑商家有欺诈行为用了近 2000 字。可是，咨询员解答来电人的问题竟然用了 3000 多字。尽管应该肯定咨询员用了足够的耐心，但从工作绩效考核的角度考虑，可以说工作效率非常低。

不能掌握通话的引导权。咨询员一直被动地跟着来电人的思路走，对于非涉税问题进行了过多的解答。当来电人问："每一个电脑都有它自己电脑的身份证？"咨询员答复说："像您所说的这个，就是他电脑的串号都是唯一的，但是它唯一的串号需要他在中国的一个分销商一步一步地核实。像是这一块的话，您可能需要去联系他上级的经销公司，通过这个经销公司查询这家这个产品到底销给了下面的哪个分销公司，通过这样去查询。"显然，咨询员被来电人牵着鼻子走。其实咨询员只需提出："我们仅为您提供涉税问题咨询。关于电脑身份证的事宜，建议您联系他的上级经销公司。”这样他就把握了电话咨询的引导权，将来电人的话题引入涉税咨询。

语言表达不够精炼。本案例中咨询员语言过于冗繁，其表达缺乏表现力和影响力。例如，“这个问题可能就是，他们如果说就是近期对相关的账目进行隐瞒，以及开具发票不规范，这种情况的话，他们是否隐瞒了销售收入这块，可能这个税务机关需要一定的时间去核实……”在这里，咨询员用时 2 分钟向来电人说明一个简单的事实，即税务机关需要一定的时间核实是否正规开具发票。

【工作建议】

提高电话驾驭能力。热线服务作为一种公共服务资源，不仅要考虑个别来电人的满意，更需要考虑到所有来电人的整体需求。咨询员应在有限时间内，从来电人的表述中获取关键信息，然后用简明扼要的语言告知来电人解决涉税问题的途径，用以提高工作效率。例如，对于来电人提出质保问题，咨询员可以简洁告知“您所提质检和保修的问题，根据《中华人民共和国产品质量法》相关规定，建议您向工商管理部门咨询一下”，主动引导来电人的诉求方向，委婉拒绝超出税务工作范畴的咨询。

表达清晰就是要求使用正确的句子。本案例，咨询员在答复来电人所提要求时用了一组结构杂糅的句子，即将两种或两种以上类型的句式杂糅在一起从而造成语义混乱，让人摸不着头脑。例如：“我这块也可以把问题向您提供一下南区国税局的稽查举报中心的电话，您可以把这个情况向他们反映一下。”清晰的表达应该分别由一个单句和一个复句来描述，如“我们可以把您反映的问题转交南区国税局。同时，我们为您提供南区国税局稽查举报中心的电话，您可以直接向他们反映一下情况”。又如“12366 接到这种投诉有些还可以通过凭证去找到这些企业，他可能确实是开具和他企业名称相符的一个收据，可能我们还能联系到这家公司去核实这个事情，有些他收取的这个就是与他的公司名称都不符，我们都没办法查询到这家企业……”在这里，咨询员用了一个多重复句，“有些……有些……”是第一层并列关系，“可能……可能……”是第二层用了并列句式表达假设关系，句式混乱，语义模糊，让人难以理解。清晰的表达应该是“12366 接到过您这样的检举，有些开具和企业名称相符的收据，我们可能联系到这家公司并核实情况；有些开具与公司名称不符的收据，我们无法查询到这家企业……”

语言简洁就是简明扼要解答，没有多余的内容。本案例，咨询员在听完来电人的陈述后，说了不少多余的话。例如“您说的这个情况，如果您当时向他——就是咱们消费者当时消费的时候应该主动索要发票，就是向商家索要发票，商家有义务向您开具，必须向您开具发票，如果您主动索要的话。”在这里，咨询员用两个“如果”但只提出一种假设情况，显然多余用了一个“如果”。简洁的表达是“如果您当时向商家主动索要发票，商家有义务并且必须向您开具发票。”又如“像您这个这块质检和保修，这个根据咱们这个中华人民共和国质检相关的法律来说，可能就是说质检保修的，可能就是说有相关规定的，就是这个产品出厂的时间和多长时间内保修，最低的保修时限是什么，都是有相关规定的。建议您再去查询一下……”在这里，咨询员一句话就能说明白的内容分成两句话来讲，用了两个“可能”来评估一种可能出现的情况，造成语言表达上的重复啰唆。简洁的表达是：“像您所提质检和保修的问题，《中华人民共和国产品质量法》有相关规定，建议您向工商管理部门咨询一下。”

一个来自电台记者的发票举报

背景资料

来电人类型： 第三方（某广播电台记者）

业务类型： 发票涉税举报

投诉事项： 广播电台记者替消费者举报某汽车4S店，反映该店实际收取汽车价款与发票开具金额不相符，并要求作现场直播

案例关注点： 如何应对媒体的电话采访

基本案情

咨询员： 您好，请讲。

来电人： 你好，我是广播电台的。问一下咱们这个电话可以不可以反映M市的一些偷税漏税的情况呢？

咨询员：可以。

来电人：我是广播电台的记者，我们昨天接到一个听众的投诉。说是在M市的一家4S店购买了一部车，当时交的车购价是91500元，但是4S店只开具了80000块钱的票。

咨询员：嗯。

来电人：这个能不能协助帮忙调查一下这个事情？

咨询员：嗯，这个是这样，先生，您说是他购买这个车花了9万多元，算不算车购税呢？

来电人：嗯，不算，原车价是9万元。

咨询员：他们商家开的发票是8万多块钱，是吗？

来电人：8万整。

咨询员：8万整。这个做法是不对的。这个属于发票违法行为。我们可以把这个情况反映到主管税务机关核查这件事情。先帮您索要发票，同时核查他有没有偷税漏税行为，好吗？

来电人：行，因为我们也有录音证据。可能是他把这个税跟出租公司联合起来，一次很多的车都少缴1万多块钱的发票，但是他主管给我们说的一个录音，我这边有。

咨询员：我现在会记录这个企业的信息。您把这企业名称和税号告诉我，好吗？

来电人：税号我不知道，因为这是听众给我的投诉。是这样的情况，我们的这个节目是在下午的2点到3点，但是这个时候，我们之前也尝试打你们这边电话，但是这边电话都是非工作时间，是吧？

咨询员：对，我们现在是下午3点上班。（7—8月为夏季工作时间）

来电人：所以我们不能在节目里直接投诉，所以在节目外给你们一个投诉。嗯，就是希望你把这个投诉给予受理，最后给我们一个回复就可以了。

咨询员：好的，那是这样，您把这个商家单位名称告诉我。

来电人：嗯，M市XX4S店，网上可以查的，卖长安铃木的。

咨询员：嗯，你们手上有没有相关的收据小票？

来电人：嗯，有，因为他的那个交钱的时候是通过刷卡。刷卡有一个票，然后他们开的发票还有一个票。

咨询员：对，那他这个票上是怎么写这个名称的？

来电人：嗯，这个我得问一下当事人。

咨询员：那是这样，建议您把他的信息核查清楚，如果他的这个信息我们在系统里核查不到的话，就不知道他属于哪个税务机关管理的。

来电人：哦，是这样子的。

咨询员：对。

来电人：是要知道他是哪个税务机关的？

咨询员：对，就是您把他的名称，最好是有税号，如果是有名称能查到那是最好的，但有时系统就查不到，是需要税号的。

来电人：它那个叫M市XX工贸有限公司。

咨询员：请您稍等。您能告诉我，您反映问题的纳税人是什么时间购买的车？

来电人：是1月。

咨询员：购买的什么车？

来电人：长安铃木天语出租版。

咨询员：出租版，是吗？

来电人：是的，出租车。

咨询员：购买金额？

来电人：付款91500元，发票是8万元。

咨询员：他有没有询问商家为什么只开具8万元？

来电人：我们刚刚给商家的销售经理和主管打电话，有一个暗访，然后他们的原因解释是跟出租车车队约好的，剩下的11500元是改装天然气的费用，但这个费用是跟出租车车队返给出租车车队，等于说这部分就没有缴税。这是跟车队的潜规则，就可以逃掉这部分的税。因为改装出来的车是从厂家出来的，直接改装好的，所以不牵扯他们后期自己改装。

咨询员：那是这样，这个工单到时是回复给你，还是……

来电人：对，给我回复。

咨询员：您贵姓？

来电人：姓张。

咨询员：张先生，这个电话可以直接联系到您吗？

来电人： 可以。

咨询员： 电话号码是 XXXXXXXX？

来电人： 对，因为他们说的时候我们正在录音，这部分我们也有；给车队不开票，这部分是天然气的费用。这部分如果不开票的话，就可以少缴点税。这是他们的原话。

咨询员： 建议您让纳税人把发票、相关的收据保存好，我们将工单流转至它的主管税务机关给您处理，帮助您索要正规的全部的发票，还有如果需要您的录音，我们也会及时联系您，好吗？

来电人： 如果需要录音证明可以联系我们，我们会剪辑好。

咨询员： 好的。请问您还有什么问题？

来电人： 没有了。如果我们能下午在节目里现场投诉一下是最好。但是你们那个时候不上班，2 点半左右。那你们处理完，能不能在 2 点半左右给我们回电话呢，这样刚好是我们的节目时间。

咨询员： 很抱歉，那个时间我们是不上班的，系统运作不了。

来电人： 哦，因为我们想下午再跟 XX4S 店核实解决，希望另一个方面你们能对它进行查处。

咨询员： 是这样，我们只能把这个工单发到它主管税务机关，我会在工单里写明您掌握有录音证据，怀疑他们有偷税漏税行为。税务机关会根据这个来核查他们，如果需要录音会联系你们，好吗？

来电人： 好的，谢谢！

咨询员： 感谢您，请您挂机前评价我的服务，再见！

分析与建议

本案例中咨询员在来电人表明记者身份的情况下，能够不卑不亢、从容应对、平等受理举报事项，表现出良好的心理素质，为来电人提供了正确的指引与真诚的服务。但在与电台记者的交流过程中，咨询员若提高与媒体打交道的敏感度，则可以表现得更好。

【亮点分析】

有效提问抓住要点。咨询员通过多次提问，从来电人“在M市的一家4S店购买了一部车，当时交的车购价是91500元，但是4S店只开具了80000块钱的票”的描述中，有效抓住问题关键，直接归纳并提炼出：“帮您索要发票，同时核查他有没有偷税漏税行为”得到来电人的认同。

服务意识较强。在解答完来电人问题后，根据对方的实际情况给予温馨提示，以便更好地处理好后续问题。例如，“建议您让纳税人把发票、相关的收据保存好，我们将工单流转至它的主管税务机关给您处理，帮助您索要正规的全部的发票，还有如果需要您的录音，我们也会及时联系您。”

【问题分析】

应对新闻媒体的敏感度不高。根据规定，税务机关任何单位（包括事业单位、社团）和个人未经批准不得擅自以任何形式接收新闻单位（包括税务总局所属新闻单位）采访。本案例中，咨询员对新闻媒体采访如何应对的敏感度不高，当来电人两次表明记者身份，没有第一时间明确告知“公众采访”不属于纳税服务热线业务受理范围。

没有提供政策依据。咨询员在判定“该行为属于发票违法行为”时，没有引用《中华人民共和国发票管理办法》相关规定等，不能令来电人信服。

【工作建议】

建议咨询员与媒体记者打交道时，应加强风险防范意识，采用更好的应对方式，如超出职责范围，应向来电人说明原因。本案例中的咨询员在了解来电人是电台记者并希望其参与节目进行现场直播后，虽然采用委婉的方式有效地回避了电台记者的要求，但若在来电人表明记者身份后，咨询员能明确立场，主动按照规范告知媒体记者“我们可以记录您的问题，经请示，由相关部门人员进行回复”或明确告知“关于直播（或采访）事宜，由××部门负责，我现在为您提供XX部门的电话，请与他们联系，好吗”效果会更好。

意见建议类

营业税按次起征点的规定有漏洞

背景资料

时间：2016 年 5 月 1 日全面推开营改增试点之前

来电人类型：自然人

业务类型：意见建议

建议事项：来电人认为营业税按次起征点的规定存在漏洞，纳税人可以通过人为操纵分次开票避税，建议完善相关税收政策

案例关注点：如何应对针对税收政策提出的意见建议

基本案情

咨询员：您好，请问有什么可以帮您？

来电人：您好，我就是问一下营业税按次的起征点是 500 元，是吧。

咨询员：对，是的。

来电人：那如果开那个劳务发票，我今天开 490 元，明天开 490 元，就是连续几天分开开，可以吗？

咨询员：那要看您实际合同发生的业务金额是多少。

来电人：但是像这种情况有些纳税人知道政策以后，500 元以下的免税，就会每天这样分开开。你们在政策上有没有规定，一个月累计开多少不能开了，还是每个月只能开一张 500 元以下免税的？

咨询员：这个政策上没有规定。

来电人：那如果纳税人来钻这个空子，每天来开 490 元的发票。这也是允许的吗？

咨询员：纳税人开票需要带合同过去，合同上面实际发生的金额是多少就开具多少。

来电人：实际发生金额，纳税人提供劳务做小工的不可能签订合同，每天就是几百块钱。

咨询员：到税务局代开发票必须要带合同过去。

来电人：不管多少金额都要带合同过去吗？

咨询员：是的。文件有规定的。纳税人代开劳务发票一笔业务不可能分几次合同去签。

来电人：但纳税人如果与单位是熟人，把合同拆分来开。那也可以吗？

咨询员：税务机关没有权规定纳税人一个月只能开多少发票，只要纳税人每次开票额不超过 500 元就可以不需要缴纳营业税。

来电人：像这样纳税人都钻这个空子，会造成税收的流失。

咨询员：国家出台这样的政策，也是给予纳税人税收优惠。在文件上确实存在不完善，税务局目前对于该问题也没有特殊的规定。您提出相关问题、建议，我们会反映到相关部门。

来电人：好的，谢谢了。

分析与建议

本案例，咨询员通话节奏掌握较好，从了解来电人需求，到政策解答，再到受理意见建议，工作流程规范。但由于政策掌握程度有所欠缺，没有准确向来电人宣传解释相关政策，致使通话效率不高，产生无效的意见建议工单。

【亮点分析】

通话节奏掌握较好。咨询员能较好地控制通话节奏，在来电人反复纠缠政策漏洞问题时，只做出“国家出台这样的政策，也是给予纳税人税收优惠”的概括性表述适当解答，然后用“您提出相关问题、建议，我们会反映到相关部门”的规范性引导语快速结束通话，不过多纠缠政策细节，提高通话效率。在来电人提出“那如果开那个劳务发票，我今天开 490 元，明天开 490 元，就是连续几天分开开，可以吗”“但纳税人如果与单位是熟人，把合同拆分来开。那也可以吗”的反复提问时，咨询员给出“税务机关根据合同金额代开发票”的原则性答复，不做细节探讨。

【问题分析】

政策掌握程度有待提高。来电人认为“将合同拆分，一个月多次开票，每次不超过500元就可以免税”，咨询员答复“在文件上确实存在不完善，税务局目前对于该问题也没有特殊的规定”，这反映出咨询员对政策掌握不到位。根据《国家税务总局关于加强和规范税务机关代开普通发票工作的通知》（国税函〔2004〕1024号）规定，“根据代开发票记录，属于同一申请代开发票的单位和个人，在一个纳税期内累计开票金额达到按月起征点的，应在达到起征点的当次一并计算征税”。如果咨询员政策熟悉，当来电人在第一次提出“你们在政策上有没有规定，一个月累计开多少不能开了，还是每个月只能开一张500元以下免税的”问题时，准确引用文件内容，即可结束掉后半部分的无效通话。

【工作建议】

咨询员应不断提升业务水平，熟练、规范使用知识库作为咨询支撑，更好地处理针对税收政策提出的意见建议类问题。如果在政策不明确或者不熟悉的情况下，应认真倾听、适当解答、不做纠缠，有效提升通话效率。如该案例中，在来电人反复提及“那如果纳税人来钻这个空子，每天来开490元的发票”时，应首先肯定来电人对税收事业的关心，不纠结具体政策，按规定流程受理，如“感谢您对税务工作关心和支持，您的建议我们会详细记录下来，及时向相关部门反映”来提高通话效率。

税务局应该带头实现无纸化办公

背景资料

来电人类型： 企业财务人员

业务类型： 意见建议

建议事项： 来电人对税务部门要求企业在网上申报成功后再次报送纸质报表提出质疑，建议税务机关应减少纸质资料报送，加大资源共享

力度，减轻企业负担

案例关注点：如何应对来电人对税收征管方式提出的意见建议

基本案情

咨询员：您好，XXX号咨询员为您服务。

来电人：市地税局要求我们网络申报表重新打印出来，再盖章签字，上缴税务局。所有的申报表要求我们都重新理一遍。这些资料我们都在网上申报了。市局这边资料系统都有。要求我们纸质申报有什么目的？

咨询员：您在这边是第一年做财务吗？

来电人：今年是刚开始。

咨询员：这边的企业都是一样的。除了地税申报系统有插卡的，其他都需要交纸质的。

来电人：我们企业去年都不需要的，今年开始就要了。

咨询员：您是新办吗？这个纸质的资料税务局一直都要收的。

来电人：我们去年都不要用交，只是今年突然要求交了。

咨询员：这个也不是突然之间，你问问其他企业，他们也都是要交的。

来电人：我不知道其他企业要不要交。我们企业是今年突然要交了。我们以前也是不需要交的。我不清楚它的目的是怎样的，首先因为它网上系统是已经存在的。

咨询员：哦，这个他们现在是要求纸质资料归档的。

来电人：归档是归档，但是我觉得这样子一方面在效率上也不会提高很多！并且我们要花很多的时间去把每一个月的资料重打印出来，并且装订成册后递交到税务局去；另外一方面的话，作为一个企业来说，你这样子的话，这部分的资源就相当于是完全浪费掉了！

咨询员：嗯，您的这个说法我也能理解。在您之前也不只您一个人，也有纳税人反映过这个情况。

来电人：那你们考虑下是否应该取消这项东西。

咨询员：如果你想反映这个意见建议，我可以帮你提交。但是目前来说，你这个资料还是得交的，今年不可能取消。

来电人：我没有说今年，今年我们已经准备好了。并且打算送到税务局去。但是我觉得税务局这方面的资料已经有了，不管他出于怎样一个目的，想成一个版本吗？那我们不清楚，那可能会有一些它相关的要求，但是的话，我觉得作为从环保的角度来看的话，有这么多的企业用纸张打印出来，每个都交过来并且这部分资料都是多余的，而不是说税务局没有，那本来现在就提倡无纸化办公，那我们这样子的话，税务局应该起一个带头的作用，去帮助纳税人去实践这个东西。

咨询员：先生，这个大道理我也懂，但您说环保，那扯到环保，那是打印那么多纸它确实是不环保……

来电人：我的意思是你们可以帮我们反馈一下的。

咨询员：好的，那这个意见需不需要回复？

来电人：最好留个回复。

咨询员：联系方式给我留一下。

来电人：XXXXXXX。

咨询员：方不方便留个手机号码，到时候要是找不到呢？

来电人：XXXXXXXXXXX。

咨询员：贵姓。

来电人：我姓夏。

咨询员：好的，您反映的是地税的问题，是吧？

来电人：是的，因为国税没有要求，至少现在没有要求我交资料。

咨询员：好的，我这边会记录帮您提交的。

来电人：好，谢谢。

咨询员：欢迎来电，再见。

（对来电人建议电话的回复）

咨询员：您好，请问是夏先生吗？

来电人：嗯，是的。

咨询员：夏先生，您好！您之前不是向我们这边反映过有关纸质资料递送的意见建议。

来电人：嗯。

咨询员：我们这边的话帮您向我们市局征管处反映过了，他们也做了记录。他们给我们的回复是这样的：虽然现在网上我们申报资料也是能看到的，但是因为我们的电子认证系统不够完善，无法直接将纳税人在网上申报的电子数据作为法律依据，现在他们这套电子认证系统还在完善过程中，所以目前的话，还是要纳税人递送一下纸质资料。

来电人：嗯。

咨询员： 然后，他们那边承诺会努力完善这套电子认证系统，以后保证将这块纳税申报记录直接作为我们税收的一个法律依据。

来电人： 嗯，那他们一般有没有一个时间（完善这套系统）的？

咨询员： 啊，这个他们也没跟我们说具体到什么时候他们能完成这块东西。

来电人： 嗯。

咨询员： 记录的话，这个是给您做了记录了，征管处他们那边也记下来了。

来电人： 嗯，那我知道了，谢谢。

咨询员： 感谢您的来电，再见！

分析与建议

本案例，来电人对税务机关要求企业在完成网上申报后仍需报送纸质资料提出质疑，认为税务机关未充分共享资源，加大企业办税负担。咨询员不能准确理解来电人需求，沟通技巧尚需磨炼，服务意识还有待提升。

【问题分析】

回答方式欠妥。咨询员不能准确把握来电人需求，当来电人第一次提出“这些资料我们都在网上申报了。市局这边资料系统都有。要求我们纸质申报有什么目的”时，咨询员未正面回答问题，而是采用“您在这边是第一年做财务吗”这样不恰当的反问句，容易引起来电人的反感。

沟通技巧欠缺。在来电人表示打印纸质申报表浪费资源时，咨询员给出在“在您之前也不只您一个人，也有纳税人反映过这个情况”的解释，等于将之前全部的辩解努力推翻，将自己置于尴尬境地。如果之前有人反映，咨询员是否将意见建议反映给了主管部门，如果没有反映说明咨询员失职；如果已反映，主管部门没有反馈信息，说明两个部门衔接不畅；如果已反馈信息，但咨询员不了解情况，说明咨询员需要加强学习。这种表述充分说明咨询员沟通技巧欠缺。

服务意识有待提升。对于一个为了改进税务机关工作肯花自己的时间来提建议的来电人，咨询员的第一反应不应该是首先反问“你是新办吗”而应该是“非常感谢您对我们工作提出的意见与建议，我将详细记录下来，并及时反馈到相关部门，以便进一步完善我们的工作。”

【工作建议】

在受理来电人针对目前征管方式、流程等提出意见建议时，对于因客观原因造成的不便，咨询员应正面解释、如实记录并转办相关部门即可。切忌出现“但是”“话虽如此，不过”等申辩语，以免引起不必要的冲突。

建议办税服务厅增加代开发票窗口

背景资料

来电人类型： 自然人

业务类型： 意见建议

建议事项： 来电人反映某办税服务厅窗口设置不合理，无法满足代开发票的需求，建议办税服务厅增加代开发票窗口

案例关注点： 如何应对来电人对办税效率提出的意见建议

基本案情

咨询员： 喂，您好！

来电人： 喂，你那国税大厅办票怎么弄的？抽号老是一抽早早就结束了，纳税人八点半到那去，号都被抽完了。办个发票要跑好几趟。

咨询员： 啊？

来电人： 啊？

咨询员： 说的哪里？

来电人： 新区办税大厅。

咨询员： 新区办税大厅。怎么了？

来电人： 嗯？

咨询员： 怎么了，你说。

来电人： 到那办票，经常抽不到号，那发票窗口太少了么。

咨询员：办什么票呢？

来电人：国税票。

咨询员：你是领购发票呢，还是代开发票呢？

来电人：领购、领购发票。

咨询员：嗯，领购，怎么了？

来电人：啊，就是办税票哩。

咨询员：嗯，我知道，领购发票去，你说怎么了？

来电人：就是到那去……（被咨询员打断）

咨询员：抽不到号？

来电人：嗯，有时抽不到号，是办税窗口太少了，只有那一个。纳税人要跑好几回。8点半到那去就没有号了。

咨询员：他那个号是每天只放这么多？

来电人：不知道。你们那里现在窗口太少，怎么回事？纳税人要跑好几回，就是办个税票办不下。昨天下午上班时间，早早去，没办下。喂？

咨询员：你等一下，哎，喂？

来电人：啊，你说。

咨询员：你是那个去抽号，每天限量多少号，是吧？

来电人：啊，它限制号。人八点半到那儿去，才上班吗？

咨询员：大厅8点就上班了。

来电人：8点半到那儿，12点才结束呢，抽号抽不到。

咨询员：他抽的号是全天能用，还是上午用？

来电人：全天，全天，我问了是全天。

咨询员：那你就早早去。

来电人：我早早去，办的窗口只有一个，人要跑几回？工作人员不能叫八点半去抽号的人就办不了了嘛。

咨询员：那你就在那抽嘛，就抽号嘛。你抽的排到啥时候就啥时候办嘛。

来电人：还能弄这事？8点去人太多。

咨询员：人多，办税的人都多。不光是你一个，那为啥要抽号？那就是因为办税的人太多。

来电人：那窗口不会多设几个？安排一个人在那办，这么大的大厅，一个人在那办。

咨询员：这个窗口，唉，你好啊。这个窗口设置多少，那也是有人员限制的。他那一个大厅就那么多人，知道不？

来电人：大厅就那么多人，那不管怎样弄，那这不是合理的办法嘛。叫纳税人到那跑几回，为办税的。

咨询员：你领了几次票？

来电人：啊？

咨询员：领了几次票？

来电人：不是领票，是代开票呢。

咨询员：你刚才说你是领购发票，现在又是代开呢？

来电人：哎，代开一张票，叫我代开一张票。

咨询员：那你就是代开发票呢，你不是领购发票，是吧？

来电人：啊，代开发票呢。

咨询员：哦，他那个代开发票，确实是那个，人比较多。新区这边这个情况是确实人比较多。

来电人：哦。

咨询员：确实是这样子，因为他那个代开发票……

来电人：你给说一下，叫人跑几次，清早起来八点半跑过去，谁还能起来多早呢？

咨询员：那比你起得早的人多得多。那因为代开的人确实多。所以你就早早去，他八点就开门了。

来电人：我知道 8 点开门。那人还没到呢，你不会多办个窗口。哎，那就是收钱还收不过来。

咨询员：不是那么简单的。

来电人：还有那种事，是不是？

咨询员：不是你说的那么简单，那个人员有限。

来电人：啥不是那么简单的，你代开发票嘛。8 点到那，只有半个钟头时间，7 点到那，几十人都拥挤到那，只有那几个号，纳税人不是扑空吗？你说的也不合理。

咨询员：大厅不光是给你代开发票呢。大厅的业务很多，不光是给你代开发票一项。

来电人：唉，你说那。

咨询员：因为他那个窗口，你看那窗口多，但是那个还要办其他业务，还有申报的、还有人家领购发票的、还有办理税务登记证的，因为代开发票只是一项、其中的一项。因为新区这边代开发票，确实是人比较多。你这个具体，你跟大厅，你跑了几次，是吧？因为你跑得比较多，你跑了几次，你跟他们大厅，你跟他们大厅的导税员或者是他们那个负责人联系。

来电人：你给我现在说，8 点在那抽号呢，一下去了 30 个人，他们只有那一点点号，后面的人抽号的时候没有了，你说怎么弄呢？这种事还让人跑几次！

咨询员：你现在说的啥意思？

来电人：我的意思是，你那种说法也不对。

咨询员：你是这，因为你今天抽不到票，是吧？

来电人：哦。

咨询员：你可以给他们说，明天给你优先办么。因为他那个为啥要给你抽号呢，就是人太多，你现在比如说一天只能办 50 个人，现在 50 个号抽完了，然后你抽到 60 号，那即使是你把那个号抽了，你也办不了，因为那也办不完。

来电人：哦。

咨询员：哦，是这样子，你知道不？你代开发票不光是你一个人么，那人多么。他那个窗口不是说你想设一个就设一个，他也尽量在设呢，设的比较多，因为他大厅的人员就有限么。他就那么几个人。

来电人：啊，好了好了，咱受点麻烦，算了算了，好了好了。我的意思是咱代开发票的窗口太少了，纳税人在那代开发票要跑几次，早上去人都挤在那。

咨询员：可以做个建议，给新区反映一下啊。

来电人：收款的嘛。国家定的政策，不可能让纳税人代开个发票跑几次。

咨询员：那人多，那确实是这样子的。

来电人：人多，窗口设多些嘛。国家大的很呢，你说呢？

咨询员：国家的……

来电人：为人民服务呢，不可能叫纳税人跑几次吗，对不对？

咨询员：喂，你好，请问您贵姓呢？

来电人：啊？嗯，这你现在就这事，我姓雷。

咨询员：雷先生，您听我给你说……

来电人：也不是为我这件事，为代开发票的每个纳税人，让大家少跑冤枉路。作为我随便派个人，无所谓一个事情，是不是？他那确实有问题呢。

不是说，我无所谓呢。

咨询员：雷先生，您这样，你先不要激动，你听我给你说。

来电人：啊。

咨询员：因为这个代开发票新区这边的情况确实是人比较多，他那个……

来电人：在大厅代开不了，叫我到税源管理所去代开，税源管理所全都没有代开功能，把人弄得跑过来跑过去的。

咨询员：啊，就是在大厅代开。

来电人：谁说的？还开不成。

咨询员：那你办理税务登记证了没有？

来电人：啊？

咨询员：你办了税务登记证了没？

来电人：没有。

咨询员：那你把税务登记证一办，你可以领发票。

来电人：哎，代开一份票，不管咋样，大厅代开发票岗设置存在问题呢。代开发票设置窗口太少，就完了。好好，就这么一个意思，好。

咨询员：嗯，我可以把你这个建议给他……

来电人：啊，好好，咱就是这么一个意思，大厅代开发票窗口太少。不能叫纳税人来回瞎折腾。咱这无所谓，就多跑一下无所谓一个事情，对不对？

咨询员：好的，好的。

来电人：哦哦哦，好好好。

咨询员：再见。

分析与建议

本案例，咨询员既未理解来电人的真实需求，也未给予来电人有效的解决方案，整体通话过程表现出推诿塞责、心不在焉、漫不经心，且用语不规范，为一则较为失败的案例。

【问题分析】

服务意识欠缺。咨询员在接听该来电时，没有表现出基本的服务意识，不能站在来电人的角度去考虑问题，当来电人提出“为什么不多设几个窗口”

时，咨询员只以“人员有限”来搪塞问题，容易造成服务态度冷淡、没有想去积极解决问题的感受。

服务用语不规范。咨询员多次使用“喂”“啊”“怎么了”“你现在说的啥意思”等服务忌语和口语，还存在打断来电人叙述的行为，严重影响纳税服务热线专业形象。用语混乱，当来电人在叙述“为人民服务呢，不可能叫纳税人跑几次吗，对不对”，咨询员突然问“您贵姓呢”这样前后不连贯的语序，让来电人无法理解其意图，且有被忽视之感。

沟通理解能力差。咨询员不能快速进入角色，准确把握来电人需求。在通话开始，咨询员不停地重复来电人问题“说的哪里”“领购，怎么了”，却没有理解来电人目的，整个过程表现出极其不专业的倾听能力。

通话驾驭不强。整通来电，咨询员没有表现出基本的通话驾驭能力，来电人提出问题之后不能主动引导，既没有安抚情绪，也没有解决问题，反而不断地找出各种理由，给出敷衍、推卸责任之嫌的答复，如“早点去”“大厅的业务很多”等，致使存在大量的无效沟通，整个通话显得繁冗拖沓。如果咨询员有较强的掌控能力，可以在来电人表达混乱的情况下，使用“您是需要在XX办税厅办理发票领用业务还是代开发票业务？”这样选择性问句帮助来电人迅速厘清思路，从而切中要点回复问题。

政策掌握不熟练。来电人提及“不是领票，是代开票呢”“到税源管理所去代开”时，咨询员只是说了“那你把税务登记证一办，你可以领发票”，没有第一时间提醒来电人“如果您是固定业户，需要办理税务登记自行领用发票，税务机关不允许为其代开普通发票”的政策解读，帮助来电人正确掌握税收征管要求。

【工作建议】

纳税服务热线是纳税人与税务机关的沟通纽带，其咨询员必须具备专业素养，通过规范的语言表述、良好的业务素质展现出税务部门的专业形象。当来电人针对服务效率提出意见建议时，应表达出较强的服务意识安抚来电人情绪，并要善于倾听，注意通过来电人语言、态度等传递的全部信息，准确捕捉来电人的关键诉求，如实反应事实本质，切身体会来电人在日常办税过程中遇到的“难点”和“痛点”，在客观公正的心态下对来电人进行情绪安抚。

从优化纳税服务的角度出发，建议税务机关办税服务厅科学设置窗口数量，并根据业务高峰和低谷灵活调整，以提高工作效率。

纳税人对社保费滞纳金过高表示不满

背景资料

来电人类型：自然人

业务类型：意见建议

投诉事项：家境困难且带有不满和抱怨情绪的纳税人反映社保费滞纳金收费标准过高，个人无法承担

案例关注点：如何处理超越税务机关职责和权限的意见建议

基本案情

咨询员：您好，地税。

来电人：你好，我们想补交前几年的社保费，但是你们滞纳金搞得那么高，让我们怎么补交？

咨询员：您是要补交社保费吗？

来电人：对。之前都有在单位上班的，从以前到现在已经变化几个单位了，也不可能每个单位都去找，去补交。那2004年以前的要在社保中心缴，要正规劳动局的合同，那有合同还用说吗？就是不给你签合同。他不给你缴，以前哪个单位愿意给你缴啊。

咨询员：您好，如果公司没有给您固定参保的话，你可以举报投诉。

来电人：我知道，你们就是举报投诉嘛，可是举报投诉有什么用？

咨询员：您好，举报投诉是有用的。

来电人：他都不愿意给你留证据啊。

咨询员：那如果公司有未按规定参保的话，您是可以通过我们稽查举报，您可以和我们稽查局联系。

来电人：那告了，他愿意给你缴那么多吗？

咨询员：单位和个人各自有分别缴纳的部分。

来电人：我就是个人部分，滞纳金也很高啊，你们滞纳金定那么高，我怎么缴？

咨询员：滞纳金 2011 年 7 月之前是按照 2‰。

来电人：对啊，你们这个标准那么高，这个我们打断牙往肚子里吞，我自己交，我在 M 市工作十几年了，以后生活都得不到保障。

咨询员：好的，您是滞纳金偏高的这种情况吗？

来电人：对啊，滞纳金太高了，谁承受得了？单位谁会给你缴，现在很多单位都没有缴，你们怎么不去检查？

咨询员：您好，滞纳金公司和个人都有分别承担的部分的。

来电人：对啊，不是我不缴，是他们不给我们缴，也不跟我们签合同。这个情况只有你们执法机构才有办法。

咨询员：对公司是有强制要求要给员工参保的。如果真的出现这种情况的话，您可以跟稽查部门反映。

来电人：你们执法机构要硬一点啊。

咨询员：您好，您这种情况，我们可以给您一个建议……

来电人：你们工作都很好，我不是针对你们。我对你们政策制定者有意见，滞纳金针对公司就好了，干嘛针对我们老百姓，我们老百姓有缴就谢天谢地了，应该由违法的单位的老板去承担，不应该叫我们去承担。

咨询员：是，那我可以给您一个建议……

来电人：不是建议，只要能让我把以前的缴上去，我就谢天谢地了。我一个人承担 8 个人的生活大计啊。我身体不好，负担不了，基本的保障都没有，怎么活。制定政策的时候一定要反馈协调，我在老家缴了，缴了也没告诉我，两边不能同时缴，只能享受一边。不能累计不能叠加，不能转到 M 市，要转回老家，统筹又不能转，个人账户才能转，这样等于我两边都没交啊，我的汗水都白付出了，老了不要说治病了，连生活费都没有，寒心啊。

咨询员：是，针对这一块，您可以向市长热线反映这个问题。

来电人：我不是想要靠政府来养活我，我希望付出的有回报，阳光能照到我们这个弱势群体身上。

咨询员：好的好的。

来电人：市长他也没有管社保这一块。

咨询员：市长热线也可以反映这一块的问题的。

来电人：这是全国性的问题，不是M市。我老家，要十几年以后才能取出来，明明知道我在M市，我在老家的都享受不了，要把老家的退掉。

咨询员：您好，如果是待遇的问题的话，您要通过社保部门反映。

来电人：政策制定者要考虑我们老百姓弱势群体。我真的很感谢你们，每次通电话，不管我怎么心情不好，你们都很关心，很感谢你们。因为单位本身是不愿意承担的，去告，要去找证据，要诉讼费，为什么不去找，我们承受不了这个成本，他们违法没成本，我们承受不了。连生活保障不了，还愿意去告吗？社会精英都是狼心狗肺。

咨询员：如果方便的话，您可以留下您的姓名和电话，我可以帮你把问题反映到市局。

来电人：这个市局都解决不了。

咨询员：可以帮您的，您可以留下您的联系方式。

来电人：我叫XXX。

咨询员：您的电话是XXXXXXXXXXX。

来电人：是，先生，问题要劳动保障部、国务院来通盘考虑，不能两边累加。

咨询员：是的，我们地税只负责参、停保和缴费，待遇问题您应该向社保部门反映。您反映了合并年限累计，你可以向社保部门反映。

来电人：对，我要全国的社保部门统筹考虑。我以前单位愿意补签合同，社保部门纠错，大家都有错。滞纳金搞那么高，一万、八千的我们还搞的起，滞纳金要几万元，我们承担不起，单位也不愿意，我老婆生病。如果愿意给我们缴，我们当时就可以省好多钱，很多问题你们想得太简单，对我们没有任何好处，他们都逍遥法外。

咨询员：您好，你反映的问题可能是存在的，我们的政策都在逐步完善。

来电人：对对，你们工作人员都很好，滞纳金这一块你们弄的太多了，他们愿意补签合同，给我们补交，配合我们，我们已经很好了，现在搞一个滞纳金，现在什么都办不了。不想找公司、政府部门麻烦，我自己吃亏一点，自己弄好就好了，可是我一个解决的渠道都没有。

咨询员：您好，您的意见会通过电话录音反映到上级部门。

来电人：我老家那边一定要在退休之前转移，我到退休还十几年，我要转到M市或者老家，才能退出来。我的私有财产不可能进入国库啊。

咨询员：您好，待遇问题您可以向社保部门反映。

来电人：这个问题，你们政策制定要考虑啊，要得到一点基本生活保障，干了一辈子喝西北风。

咨询员：是，是。

来电人：我工资一个月两三千元，滞纳金好几万元，本金的好几倍。交的时候他们不愿意给我缴，也不给我签合同。要让他们违法成本高，才有办法制止住他们，我们打工的告得了他们吗？你们执法不严，违法成本不高。

咨询员：好的，您的问题我帮您反馈。

来电人：劳动保障部专家要集体研究一个政策出来，不然我老家的钱转不出来。国库私扣我个人财产。

咨询员：您好，您的待遇问题属于社保中心。

来电人：我的问题你们可以和市长、社保部门沟通，不能转不能累加，工龄也没有，退也退本金，货币贬值那么厉害，劳动人民血汗钱，最后成了泡沫，最后还有什么钱，不是侵吞我的个人财产吗？不是 M 市地税局社保中心能解决的问题，而是社保部要去解决的。

咨询员：是，您反映的问题也可以向市长热线反映。

来电人：2004 年前，一定要劳动局鉴证的合同，没办法，2004 年前交不进去。现在政策有点变了，我很高兴，对我们有点关怀。现在滞纳金搞出来 6 万多元，我的天，单位就不给我缴，这个问题就没法解决。这个滞纳金惩罚到我的头上来了。2004 年前，公司愿意配合我，钱我个人承担。社保中断啊，不够 15 年啊，我怎么办啊，本来很多政策都是好的，但是现实中，条条框框太多了，政策细节反而管到我们，让我们正经干不成事情。

咨询员：是。我会把您的建议向上级反馈。

来电人：感谢你们，给你们添了麻烦了，真的很感谢。

咨询员：感谢您的来电，再见。

分析与建议

本案例，咨询员面对来电人滔滔不绝的抱怨，能够始终保持良好的服务态度，认真倾听他的诉说，体现出良好的职业素质，并尽可能地提出了一些建议，一定程度上安抚了纳税人的情绪。

【亮点分析】

本案例中咨询员很耐心地接听电话，在长达15分钟的通话过程中，无论投诉人所反映的事情是否与12366职责有关，咨询员都能始终保持良好的职业状态，这是值得肯定的。来电人说："每次通电话，不管我怎么心情不好，你们都很关心，很感谢你们"，就是对咨询员的肯定。

【问题分析】

把握纳税人需求不够迅速准确。咨询员应该从"你们滞纳金搞得那么高，让我们怎么补交"这句问话中敏锐地抓住问题的关键，即来电人对社保费滞纳金缴纳的相关法律或政策有意见，同时带有抱怨情绪这两个关键点，从而有针对性地采取应对措施，而不是把问题引向与该问题无关的如何补缴社保费的问题上，引起来电人的不停抱怨和牢骚。

沟通技巧有待提高。当来电人抱怨滞纳金过高时，咨询员只解释了"滞纳金2011年7月之前是按照2‰"，此处应补充说明，现行社保费滞纳金由原来的每日2‰降为了每日0.5‰，已经大大减轻了参保人的负担。这样更有助于平缓来电人的不满情绪，让来电人多从积极的方面考虑问题。又如，当来电人诉说："我希望付出的有回报。阳光能照到我们这个弱势群体身上。"咨询员回答说："好的好的。"语意含糊。咨询员并没有能力对来电人的"希望"给予任何承诺，只不过在这种语境中想向来电人表达同情与理解，建议改为"是的是的"。

电话驾驭能力不足。当咨询员记录下来电人的姓名和联系方式后，来电人说："是，先生，问题要劳动保障部、国务院来通盘考虑，不能两边累加。"这时，应及时使用规范性语言"先生，请问您还有什么需要我帮助的吗"等及时掌握谈话的主导权，主动结束谈话，而不是任由来电人继续拖延成一个时间很长且杂乱的通话。

【工作建议】

作为一名专业的咨询员，应该保持清醒思路，认真倾听，从来电人的描述中敏锐地抓住来电人的诉求焦点和情绪状态。对情绪较为激动的，要先处理来电人的情绪，换位思考，用同理心与纳税人沟通，争取纳税人的理解，缓和纳税人的情绪，逐步获得纳税人的认同和信任；然后，依据税务机关的职责与权限，有条理性、针对性地做出答复，帮助来电人寻求更有效的解决途径：对用人单位未按照规定缴纳或代缴社保费的，记录来电人的详细信息转办稽查部门；对社保待遇支付问题以及个人的生活困难问题，建议来电人向社保部门或是市长热线等渠道反映。用积极的引导和真诚的建议来赢得来电人的认同。另外，遇到不属于税务部门管辖范围的问题时，应注意用语方面的技巧，可以在简单说明12366热线的工作职责后，为纳税人提供指引，建议纳税人直接向XX部门进行反映，以便尽快处理。

从该案例可以看出，来电人并非是要投诉税务局，而只是想要表达对自身的境遇、社保政策及一些社会不公现象的不满和抱怨。在面对这类来电人时，咨询员要注意耐心倾听，注意把握纳税人的主要诉求和核心关注点。使用规范而适当的电话用语，例如，以温馨问候开始："您好，请问有什么可以帮助您？"以细心提示过渡："好的，您请讲。"平复来电人的不良情绪。同时，要注意把握谈话的主动权，及时终结谈话。

后 记

为配合 12366 纳税服务热线人员学习《12366 热线基本工作流程和作业标准（试行）》，提高热线服务技能和实务操作能力，国家税务总局收集了近年来 12366 纳税服务热线工作中真实发生的典型案例，并于 2014 年开始进行研讨和编写，最终形成了《纳税服务热线典型案例分析》。

在本书编写过程中，北京、天津、上海、山东、河南、湖北、湖南、四川、贵州、大连、厦门、陕西省（市）国家税务局，江苏、浙江、河南、广东、重庆、陕西省（市）地方税务局和湖南税务高等专科学校给予了大力支持。林静如、丁汀、向宏、朱歌幸、刘慧平、杨美莲、卢迈、徐娟、谌宪伟等同志参与了案例的收集、筛选、录音文字整理和初步分析工作。邓勇、韩国荣、于耀财、范巧玲、韩庆松、霍雨佳、殷贤生、张洁、史晴、章洪源、周海容、杜洪博、陈逸、于晶、林岩、余阳、施华丽、黄艳、孙思、赵霖、刘静、谭婕、成刚、陈琛、刘海涛、曲静、刘红浡、陈琳琳、陈亚促、张海珍、顾余超、冯彦飞、陈超、赵真丹、唐熙、王尔丛、范逊等同志参与了本书的编写和修改工作。在此，谨向所有给予本书支持帮助的单位和同志表示衷心感谢。

由于时间仓促，编者水平有限，书中不足和疏漏之处在所难免，恳请读者批评指正，以便不断完善。如有意见建议请发送至邮箱 12366@chinatax.gov.cn。

国家税务总局纳税服务司

2016 年 11 月